Susanne Hasenstab

Alltagsdramen

Susanne Hasenstab

Alltagsdramen

LOGO VERLAG Eric Erfurth
Obernburg am Main

Unne, owwe, hinne

1

Ulla
Doris

Schon seit geraumer Zeit wartet Doris in einem neu eröffneten Café auf ihre Freundin Ulla. Endlich kommt diese, völlig außer Atem, zur Eingangtür herein.

So, da bin ich endlich. Eieiei, was en Stress!
Wo bleibsten so lang, Ulla? Ich hab mir schon Gedanke gemacht! Hastes net gefunne?

Ulla bleibt am Tisch stehen und zerrt sich den Schal vom Hals.

Doch, aber ... ich war ... ich musst eben de Klaus noch vom Dokter abhole. Der Mann macht mich verrückt! Der hört einfach net uff mich!
Wieso, was war dann beim Dokter?
Ich hatt ihm gesagt: Wart owwe, ich komm dann nuff unn hol dich ab. Unn wie ich nuff komm, war er net owwe!
Net? Wo war er dann?
Ich frag die Arzthelferin an de Rezeption, ob se mein Mann gesehn hat. Da sagt die, grad isser nunner. Der wollt unne auf Sie warte!
Obwohl du gesagt hast, er soll owwe warte?

Ja! Der hört net uff mich! Ich also wieder drei Stockwerk nunner. Aber unne war er aach net! Da bin ich widder nuff.

Unn dann?

Owwe sagt die Arzthelferin: Grad war Ihr Mann da unn hat Sie gesucht. Unn jetz isser widder nunner, weil ich gesagt hab, Sie wärn unne.

Er war erst unne unn is dann widder nuff? Aber da hättet ihr euch doch uff de Treppe begegne müsse!

Naa, de Klaus is doch so dick. Der läuft kaa Treppe, der war im Uffzuuch. Wie ich die Treppe nunner bin, is er im Uffzuuch nuff, unn umgekehrt.

Ulla, du bist ja immer noch außer Atem.

Aja, ich bin bestimmt viermal die Trepp nuff unn nunner. Immer wenn ich owwe war, war er unne. Unn wenn ich nunner bin, is er grad nuff. Dabei hatt ich ihm deutlich gesagt: Wart owwe! Net unne! Es is furchtbar mit dem Mann!

Naja, jetz biste ja da, Ulla. Setz dich doch!

(gehetzt) Naa, ich muss erst emal ganz dringend uffs Klo. Wo issn hier die Toilette?

Hinne owwe. Du musst hinner, dann drei Stufe nunner unn dann rechts die Trepp nuff, links owwe is die Damentoilette. Net unne, da is für Herrn. Owwe!

Hinne, owwe, unne ... aja, ich werds finne. *(Im Weggehen)* Ach, is des Leben kompliziert ... Immer nuff unn nunner.

Das Erdbeben

2

Willi
Bernd

Zu später Stunde sitzen Willi und Bernd auf zwei Barhockern am Wirtshaustresen. Nach langem Schweigen hebt Willi den Kopf und sieht Bernd an.

Hast du des gemerkt?
Was?
Hast du des net gemerkt eewe?
Was dann?
Ich maan, eewe wär e Erdbebe gewese.

Bernd schweigt.

Des musst du doch gemerkt ham.
Was?
Des Erdbebe.
Was für Erdbebe?
Doo, eewe.
Wo?
Aja, doo. Unner uns.
Wann?
Grad eewe.
Ich hab nix gemerkt.
Es hat doch gewackelt.

Wo?
Unner uns!
Unner mir hat nix gewackelt. Vielleicht haste an dein Stuhl gebumpt.
Ich hab net an mein Stuhl gebumpt.
Also bei mir war nix.
Des war halt lokal begrenzt, dass nur ich es gemerkt hab.
So besoffe bin ich noch net, dass ich kaa Erdbebe mehr merk.
Hast du schon ma e Erdbebe erlebt?
Naa.
Also.
Was?
Dann weißte ja net, wie des is.
Aja, alles wackelt.
Es hat ja aach gewackelt. Aber nur unner mir. Des hat neulich in de Zeitung gestanne, dass es jetz immer mehr lokal begrenzte Erdbebe gibt. Aach bei uns. Mikro-Beben! Weesche dem Klima.
Mikro-Beben. So en Quatsch.
Des gibts. Unn des wern immer mehr.
Wenn mers net merkt, wars doch kaa Erdbebe!
Ich habs doch gemerkt!
Ja. Es is ja jetz egal, Willi, mir hams ja überlebt.
Wenn ich dirs net gesagt hätt, hättst du gar net mitkrieht, dass e Erdbebe war.
Ja, da kann mer ma sehn.
Was kann mer sehn.
Wie schnell so was geht. Da hockt mer da friedlich

unn merkt nix unn schon biste weg vom Fenster! Des geht ruckzuck.
Aja, so schlimm wars jetz aach net.
Um Haaresbreite sinn mir entkomme. Wenn du nix gemerkt hättst, hätte mir ja gar net gemerkt, dass mir in Gefahr sinn!
Ja, so gesehn ...
Mir könnte jetz schon verschüttet sein!
Ham mer noch ma Glück gehabt.
Ham mer echt noch ma Glück gehabt ...
Prost.
Prost.

Schönes Rotterdam

3

Doris
Alfred

Mit einem Busunternehmen reisen die Eheleute Alfred und Doris vier Tage durch die Niederlande. Während eines 90-minütigen Aufenthalts in Rotterdam streifen sie durch die belebte Innenstadt. Doris geht strammen Schrittes vorneweg. Alfred hat große Mühe, ihr zu folgen, da er im Laufen ein mit Matjeshering belegtes Brötchen verspeist.

Guck ma, was die hier breite Fahrradwege ham. Des findste bei uns net. Da könnte die im Stadtrat sich ma e Scheibe von abschneide! Hast du dein Weck immer noch net gesse? De Matjes in Amsterdam gestern war besser, oder? Oh Jesses, was hohe Häuser. Aber sauber isses. Rotterdam, da denkste, Hafenstadt, is bestimmt dreckisch. Aber alles sauber, kann mer nix sagen! Guck ma, da is schon widder so en breite Fahrradweg! Wie schmeckten dein Weck?
(mit vollem Mund) Gut.
Aber der Matjes in Amsterdam war besser, oder? Unn an dem Fischstand am Meer, hattst du da net aach en Matjesweck gesse? Ach wie schee, guck, schon widder so en breite Fahrradweg. Die Holländer hams gut.
Was hattsten du an dem Fischstand am Meer gesse?

(kaut) Krabbe.
Was?
En Weck mit Krabbe druff.
Ach so, ja, da hattst du die Krabbe gesse. Aber die hatte aach Matjes. Warum hasten da kaan Matjes gesse? Der wär bestimmt noch besser gewese als der in Amsterdam, so direkt am Meer. Wobei, mer waaß ja net, wo der herkommt. Am End kommt de Matjes aus China, so wie alles. Ach guck ma da rechts, schon widder so en breite Fahrradweg. Wie schee, die Holländer hams gut. Also da könne se sisch daheim ma e Scheibe von abschneide. Wenn de bei uns die Brücke nufffährst mim Fahrrad, blase dich die LKW fast vom Sattel. Die donnern ja zwanzisch Zentimeter neewer dir vorbei! Also Rotterdam, mer meints net, für e Hafenstadt, da denkste doch, da is bestimmt dreckisch. Aber alles sauber, tipptopp, kann mer nix sagen. Unn die breite Fahrradwege, traumhaft. Oder?
(schluckt) Mmh ...

Doris geht ein paar Schritte.

Naja ... ich bin froh, wenn ich widder daheim bin.

Facebook

4

Mutter
Jürgen

Jürgen besucht seine betagte Mutter. Als er ihre Küche betritt, sitzt die Seniorin mit glückseligem Gesichtsausdruck vor ihrem aufgeklappten Laptop.

Bub, komm rein. Ich muss grad noch ...
Na, was machste am Laptop, Mutter? Biste im Internet?
Ach Jürgen, ich bin dir ja so dankbar, dass du mir des letzte Mal gezeigt hast, wie des mit dem Facebook geht! Ich bin da ja nie neikomme!
Aja, weil du kein Account hast, Mutter. Wenn dich des so intressiert, kann ich dir heut gern en eischene Account einrichte. Aber letztes Mal wolltste ja net.
Brauch ich gar net! Seitdem du da warst, kann ich ins Facebook, ohne dass ich angemeld bin. Herrlich! Die Mechthild hat dreißisch neue Urlaubsfotos aus Südtirol. Des kann ich jetz alles sehe!
Was? Des kann net sein.
Ich seh alles! Des Beerdischungsinstitut hat moije Tag der offenen Tür. Da hab ich uff »Gefällt mir« geklickt. Unn da ham se gleich e Freundschaftsanfrage geschickt!

Ach du liebe Zeit! Mutter, anscheinend hab ich mich net richtig ausgeloggt, wie ich dir des gezeigt hab. Du bist die ganze Zeit in meim Account unnerwegs!
Ja, da owwe is immer dein Kopp eigeblend. Ich hab mich schon gewunnert! Ach, is des alles intressant! Ich hab sogar die Antonia gefunne. Die wohnt immer noch in Bad Nauheim!
Du hast hoffentlich net de Antonia in meim Name e Freundschaftsanfrage geschickt!
Ich glaub, ich hab ihr sogar aus Versehe so en Herzchen-Sticker uff ihr Pinnwand geschickt. So gut kenn ich mich noch net aus! Mit der hattst du doch emool was, oder? Vor e paar Jahrn, wie die Rita uff Kur war? War da net euer Ehekrise?
Allerdings! Oh Gott, Mutter! Wenn die Rita sieht, dass ich mich mit der angefreundet hab im Facebook! Dass ich ihr Herzchen-Sticker schick! Die dreht dorsch!
Haste doch gar net! Ich hab ihr geschriwwe, weil ich die so nett fand. So e patente Frau!
Aber du bist in meim Account, Mutter! Du bist ich!
Was?
Was hattst du grad gesagt? Du hast ihr sogar e Nachricht geschriwwe?
Ich hab se zum Kaffee eingelade, wenn se in de Geschend is. Dass se einfach klingele soll, dass ich mich freue würd. Unn vorhin hat se geantwort, dass sie sich gleich ins Auto setzt unn vorbeikommt.
Um Himmels wille!
Sie hätt die ganze Zeit schon uff e Nachricht von mir

gewart, hat se geschriwwe. Des fand ich jetz e bissje übertriebe. Ich hatt die Frau doch nur zwei, drei Mal gesehn.
(panisch) **Ach du liebe Zeit, wie lang fährt mer von Bad Nauheim? Ich muss los! Gleich klingelt die Antonia bei uns an de Tür! Die Rita is daheim! Wenn die sich begeeschne, bin ich tot!**

Jürgen eilt davon. Die Haustür wird zugeschlagen.

Jürgen! Was is dann los? Fort isser. Kaa Ahnung, was der jetz für e Problem hat. Ach guck emool! Personen, die du kennen könntest: Des is doch die Uschi! Mit der war er doch ma im Gymnasium zusamme! »Als Freundin hinzufügen.« Oh Jesses, jetz hab ich aus Versehe schon widder en Herzchen-Sticker verschickt. Naja, ich werds noch lerne. Ach, is des herrlich mit dem Facebook!

Reizklima

5

Frau
Kassiererin
Mann

An der Kasse eines Warenhauses steht ein älteres Ehepaar, das mit der Kassiererin bekannt ist. Im Einkaufskorb liegen Strumpfhosen, Unterhemden, zwei rosa Waschlappen, eine Badekappe und ein Zehnerpack weiße Herrensocken.

Unn was e Hitz, gell. Mer mag gar net mehr nach drauße gehn!
Aja, mer muss es nemme, wie es kommt. Gell, bald is widder Weihnachte. So, die Nylon-Strümp, ja, die sinn gut. Die hab ich aach, die halte was aus. Wart ihr schon im Urlaub?
Ja, gestern sinn mer erst widder zurückkomme. Mir warn an de Nordsee, wie immer.
Ach schee, da geht wenigstens e bissje Wind.
Es war herrlich. Ich wollt gar net mehr fort.
So, die Unnerhemde sinn reduziert. Des zieh ich euch gleich noch ab.

Die Frau deutet auf ihren Mann.

Für ihn wars halt net so schön. Er verträgt ja des Klima net.

Ach komm!
Ja, für ihn sinn des Strabazze. Er hat doch die chronische Bronchitis. Die wird immer schlimmer, je länger er an de Nordsee is.
Was? Ich hab gedacht, Seeluft is gut geesche so was.
Ja, aber net die Nordsee, weil des so e extremes Reizklima is. Da wird sein Huste immer schlimmer. Bevor mir losgefahrn sinn, war sein Huste fast ganz weg. Unn dann konntste von Tag zu Tag hörn, wie des schlimmer wird! Gell, Otto? Hust doch ma, dass mers hört!
Naa.
Hust doch ma kurz!

Der Mann hustet laut und krachend.

Ach du lieber Gott!
Hörste des? Die Nordsee is reinstes Gift für ihn! Hust noch ma!

Der Mann hustet.

Des hört sich aber wirklich net gut an!
Der Dokter hat aach gesagt, Ostsee wär besser. Oder ans Mittelmeer. Die Nordsee is e zu extremes Reizklima in seim Fall. Naja, was willste mache.
Warum fahrt ihr net an die Ostsee?
Naa, da gefällt mirs net. Uff die Strumpfhose warn aach zehn Prozent. Haste des drin?
Ja, des wird am End alles zamme abgezooche.
Des war wirklisch schlimm mit ihm. Kaum isser an de Nordsee, kommt die Bronchitis widder hoch. Ich konnt

ja nachts kaum schlafe, weil er dauernd so gehustet hat.
Hust noch ma!

Der Mann hustet.

Jesses!
Hörste des? So geht des de ganze Tag unn die ganz Nacht.
Aber sonst wars schön?
Herrlich! Herrlich! Im Oktober fahrn mer widder hin.
Gell, Otto?

Der Mann hustet.

Stoffbeutel

6

Alfred
Doris, seine Frau

Alfred kommt von der Arbeit nach Hause. In der Küche stellt er eine Stofftasche voller Einkäufe auf den Tisch und begrüßt seine Frau Doris.

Hab noch e bissje was geholt für die Grillfeier moije. Senf, Ketchup, en scheene Quetscheschnaps. War im Angebot!
(Doris ist erzürnt.) Alfred! Hast du etwa schon widder en neue Stoffbeutel gekauft?
Ja. Du sagst doch immer, die sinn besser wie Plastikdudde.
Mir ham scho vorneweg fünfzisch Stoffbeutel im Haus!

Doris öffnet eine randvoll mit Stoff-Einkaufstaschen gefüllte Schublade.

Guck! Alles voll!
Ich hatt halt jetz kaan im Auto. Deswegen hab ich en neue gekauft. Is doch besser wie Plastik!
Erst neulich hat widder en Bericht in de Zeitung gestanne: Stoffbeutel ham erst dann e bessere Klimabilanz wie Plastikdudde, wenn mer se mindestens hunnert Mal benutzt!
Hunnert Mal?

Des hilft doch de Umwelt net, wenn du jedes Mal en neue Stoffbeutel kaufst!
Wenn mir fünfzisch Stoffbeutel ham ... Dann müsste mir ja fünftausend Mal einkaufe gehn, bis sich des überhaupt rentiert.
Ja, unn dademit kannste jetz gleich anfange!
Was?
Du musst noch ma fort. Mir brauche Einweggeschirr für die Grillfeier, Teller, Messer, Gabel ...
Einwegplastik? E größere Klimasünde kann mer ja kaum begehe. Unn du schimpfst mich weesche meim Stoffbeutel!
Ich weiß. Aber die Spülmaschin is vorhin widder kaputtgange. Unn de Monteur kann erst am Dienstag. Meinste, ich hab Lust, die verbabbte Worschtteller von acht Leut mit de Hand zu spüle?
Dann sage mir die Feier ab. Fürs Klima! Mer muss Zeichen setze! Grill-Stopp for Future!
Jetz babbel net, hol Plastikgeschirr. Da, ich geb dir fünf Stoffbeutel mit. Des müsst lange. Da tuste alles nei, dann gleicht sich des widder e bissje aus.
(überlegt) Kann ich aach en Stapel Plastik-Schnapsgläser kaufe? Mei gute Gläschen will ich eh net mehr benutze, wenn Gäst da sinn. De Rudi hat mir letztes Mal zwei kaputt gemacht.
Ja, dann nemm aach Plastiksektgläser mit. Unsere gute sinn so schwer mit de Hand zu spüle. Unn die Gabi zerdeppert mir aach fast immer aans von meine schöne Ikea-Gläser.
Die mache alles kaputt, die Leut. Denne dürft mer

eigentlich nur noch Plastikgeschirr vorsetze. Net nur wenn die Spülmaschin kaputt is.

Dann kauf gleich en Vorrat! Kauf alles, was da is, des wird doch bald von de EU verbote!

Alfred wühlt in der Stoffbeutelschublade.

Ich nemm mir noch e paar Dudde mit. Dass die ma genutzt wern, für die Klimabilanz. Guck ma, die is riesig, da würde sogar en Einweggrill neibasse. Unsern is doch immer so schwer zu reinige.

Ich versteh eh net, was du dir immer mit dem Holzkohle-Aff für e Arbeit machst. Die Leut wisse des eh net zu schätze. Bei de Gabi kriege mer immer nur Werscht vom Elektrotischgrill.

Gut, dann guck ich aach nach em Einweggrill! Tschühüs!

(seufzt) Ja ... Hauptsach, du kaufst net widder en neue Stoffbeutel.

Erdbeeren

7

Oma
Enkel
Mutter
Vater

Die Oma hat die Familie zu einem üppigen Mittagessen eingeladen. Zum Nachtisch kommen mehrere Kuchen auf den Tisch, unter anderem ein selbstgemachter Erdbeerkuchen.

So, wer will noch Kuche. Nemmt euch jeder noch e zwoddes Stück. Hopp!
Oma, hast du zufällig auch Erdbeern?
Erdbeern? Aja, doo steht de Erdbeerkuche. Nemm dir doch!
Also ich bin so satt ...
Ich bin auch satt. Ich hab nur gedacht, falls du noch en paar Erdbeern hast ...
Aja, da sinn se, uff em Kuche! Mach se dir halt runner!
Naa, die Erdbeern wern net vom Kuche runnergekratzt. Wenn, dann isste e ganzes Stück.
Is schon gut, ich hab ja nur gedacht ...
Komm, ich kratz dir e paar Erdbeern runner!
Nee, Oma, is gut. Ich brauch jetz net unbedingt Erdbeern esse.
Eben wolltste doch Erdbeern!

Nur wenn du zufällig noch e paar Erdbeern dagehabt hättst. Also außerhalb vom Kuche.
Ich hab alle Erdbeern, wo ich hatt, für de Kuche verbraucht! Eieiei, wenn ich des gewusst hätt, dass du Erdbeern willst!
Was brauchsten du jetz unbedingt Erdbeern? Als hätt die Oma net genug uffgetischt!
Ich will ja gar keine Erdbeern mehr!
Sonst isst du doch aach nie Erdbeern!
Ich hab ja nur gedacht ...
De arme Bubb, lassten doch! Eieiei, wenn ich des gewusst hätt, dass du so gern Erdbeern isst, hätt ich halt e paar mehr eingekauft! Komm, ich kratz dir e paar runner vom Kuche!
Nee, Oma, des musste wirklich net!
So e Sauerei. Lass des, Mutter! Der muss aach lerne, dass es net immer automatisch des gibt, was mer will.
Des is die Internetgeneration! Ein Klick, unn schon is alles da, was mer will!
So. Ich geb dem arme Bubb jetz e paar Erdbeern!

Die Oma beginnt, die Früchte vom Erdbeerboden auf einen separaten Teller zu verfrachten.

Oma, du musst net ...
Jetz bleibt de ganze Boden vom Kuche übrig, weil du nur die Erdbeern runner esse willst! Was e Lebensmittelverschwendung!
Ich ess de Boden! Da, Bubb, dei Erdbeern!

Die Oma schiebt ihrem Enkel den Teller hin.

Jetz muss die Oma wegen dir den trockene Boden esse!

Die Oma kaut und spricht mit vollem Mund.

Schmeckt gar net so schlecht! Ess die Erdbeern, Bubb!

Der Enkel beginnt zu essen.

Okay ...

Nach längerem Schweigen fragt der Vater.

Was issen des da für en Kuche? Der flache da auf dem Blech?
Des is en Spiegelei-Kuchen. Mit Dosenpfirsische owwe druff, dass es aussieht wie de Dotter von em Spiegelei. Kennste den net?
Naa.
Aja, hopp, dann musste ma e Stück probiern!
Ich bin so satt, naa ... Höchstens so en Dosenpfirsisch würd ich noch esse.
Oh, ich aach! Die sinn so schee sommerlich fruchtig.

Der Vater zögert.

Ich mach uns grad e paar runner vom Kuche, ja?

Die Oma winkt mit vollem Mund ab.

Ja, ja ... Ich ess dann de Boden.

Das Boxspringbett

8

Frau
Mann

Ein älteres Ehepaar liegt abends nebeneinander im Bett und blättert im schwachen Schein der Nachttischlampen in TV- und Heimwerker-Zeitschriften. Draußen ist es dunkel und regnerisch. Nach langem Schweigen ergreift die Frau das Wort.

Haste was anzuziehn fürn Samstaach?
Was is am Samstaach?
Die Goldne Hochzeit vom Hubert unn de Loretta.
Müsse mir da hin?
Die Einladung liescht seit acht Woche auf em Buffet.
Aber so was siehst du ja net.
Ich weiß von nix.
Du weißt nie was.
Jetz haste mirs ja gesacht.
Aja, dann weißte ja Bescheid.
(nach längerem Schweigen) Ham mir e Geschenk?
Die wolle nix.
Aja. Umso besser.
Schenke muss mer natürlich trotzdem was.
Wann se doch nix wolle.
Natürlich wolle se was.

Eewe haste gesacht, die wolle nix.

Hättste die Einladung gelese.

Ja, wolle se jetz was oder net?

Sie wolle kaa Geschenke.

Aja, dann gibts aach kaa.

Sie wolle Geld.

Geld.

Sie wolle e Box aufstelle, unn da soll mer Geld neiwerfe.

Geld neiwerfe.

Die wolle sich so e neu Bett kaafe. So e Ding, wie die Elvira hat. So e Bockspringbett.

E was?

E Bockspringbett.

Was isn des?

Aja, so e neumodisch Bett. So en Klotz.

Bock-Spring-Bett?

Waaß net, warum des so heeßt. Des is so hoch. Wahrscheinlich muss mer da en Bocksprung mache, dass mer nuff kommt.

Bockspringbett. Noch nie gehört.

Unn unnedrunner kann mer net staubsauche, sacht die Elvira. Weil de Spalt is zu eng, als dasse mim Staubsaucher nei kommt. Unn wegrücke kann mers net, weils zu schwer is.

Also es is en hohe Klotz, wo mer net nuff kommt, unn unnedrunner sammelt sich de Dreck.

Ja. So sachts die Elvira.

Unn so was wolle die sich kaafe.

Aja.

Mit unserm Geld.

Ich find ja aach, des sollt mer net unnerstütze. Ich waaß aach net, weshalb die in ihrm Alter überhaupt noch ma e neu Bett brauche. De Hubert hatt schon zwei Herzinfarkte.

Der macht bestimmt kaa Bocksprüng mehr im Bett.

Und am End fliegts eh naus in de Container.

Was fürn Container?

Wenn die Kinner dann des Haus ausräume. Ham die dann die Arbeit mit dem Klotz. Naja, wenn sie es net so orsch abnutze, könne sie es vielleicht noch ins Ebay setze.

Siehste, da wolle die Geld für e Bockspringbett. Die Leut komme uff Ideje.

Naja. Im Prinzip kann mer ja schenke, was mer will. So gut kenne mir die ja aach gar net. Im Prinzip langts doch, wenn mer en Bocksbeutel schenkt. Oder?

Ja.

Ja. Den Bocksbeutel kannste aber net in die Box werfe, wo mers Geld fürs Bockspringbett neistecke soll.

Naa.

Dann stellt mern neewedran. Neewer die Box.

Ja.

Aja. Mache mers so. Stelle mern Bocksbeutel neewer die Box.

Ja.

Am Sonntaach is des aach widder rum.

Zum Glück. Gut Nacht.

Gut Nacht.

Keine Kreuzfahrt

9

Doris
Frau Bergmann
Alfred, Doris' Mann

Das Ehepaar Alfred und Doris begegnet beim Einkaufen einer entfernten älteren Bekannten, Frau Bergmann. Diese vergleicht gerade, auf einen Gehstock gestützt, die Preise von Katzenfutterdosen, die in der Mitte des Supermarkt-Gangs zu einem Turm gestapelt sind.

Ach, hallo, Frau Bäschmann!
Ei, Sie hab ich ja schon lang net mehr gesehn. Gell Sie gehn gar net mehr in die Wassergymnastik?
Doch, nächste Woche komm ich widder. Mir warn im Urlaub. Mir ham doch die Ostseekreuzfahrt gemacht!
Ach wie schee! E Kreuzfahrt hab ich noch nie gemacht.
Des müsse Sie ma mache. Es war herrlich, gell, Alfred?
Naja ...
Des is aach gar net so teuer, wie mer denkt, Frau Bäschmann. Naja, die Bordrechnung kommt noch hinnenach. Mir sinn ja abends gern in die Bars. Des muss mer halt extra bezahle.
Tequila Sunrise siwwe Euro, Mai Tai acht Euro, Zombie acht fuffzisch! Des summiert sich.
Aber so nette Leut lernt mer da kenne, gell Alfred?

In de Tanzdisco, da ham mer so e nettes Ehepaar aus Groß-Gerau kennegelernt!
Den Mann ham se dann in Helsinki nachts mim Rettungshubschrauber abgeholt. Herzinfarkt.
Aber die Tagesausflüüsch warn schee. Tagsüber is mer ja am Hafe unn kann gucke, wo mer grad is. Herrlisch! Danzig, Tallinn, Sankt Petersburg, Helsinki, Stockholm!
Strabazze.
Naja, in Sankt Petersburg hatte mer uns e bissje viel vorgenomme. Da warn mer neuneinhalb Stund unnerweeschs. Im strömende Reesche, ohne Geld!
Ohne Geld?
Die ham kaan Euro genomme, die Russe. Nur Rubel!
Mir hatte nix getauscht. Solle se zusehe, wo se bleibe, wenn se kaan Euro nemme. Die hatte eh nur so komische Andenke. Die Puppe, wo mer innenanner stecke kann unn so üwwerdimensionierte Fellmütze, die hätte gar net in mein Koffer gepasst.
Sankt Petersburg soll schee sei, des hört mer oft, ja.
Jesses, in de Eremitage hats so gestunke. Unn mer konnt ja kaa Fenster uffmache, weil des alles so wertvoll is. Unn dann die chinesische Reisegruppe. Die ham uns immer abgedrängt.
Die sinn da dorschmarschiert wie die Terrakotta-Armee.
Des war schon e Erlebnis. Ja, unn des Esse, Frau Bäschmann. Was gabs da gut zu esse uff em Schiff! Fünf Mahlzeite am Tag!
Ich hab vier Kilo zugenomme. Krieg ich nie mehr runner.

Unn de Schärengarten vor Stockholm. Des war aach herrlisch!
Da ham se dann de nächste Passagier abtransportiert, mim Rettungsboot.
Aber der hatt ja wenigstens Glück, weil er erst am vorletzte Tag abtransportiert worn is. Uff de erste Station in Danzig ham se ja aach e Frau ins Krankehaus gefahrn. Die hat net viel von de Reise gehabt. So gesehn, gell, der im Rettungsboot uff de Schären abgeholt worn is, der konnt ja vorher acht Tag de Urlaub genieße.
Ja, so gesehn ...
Des müsse Sie ma mache, so e Kreuzfahrt, des würd Ihne gefalle, Frau Bäschmann!
Naja, ich kann ja net fort, weesche de Katz!
Ach so, ja, dann gehts net.
Katze dürfe net uffs Schiff.
Naa, dann gehts net. Naja ... Kann mer nix mache, gell.
Kann mer nix mache.
Dann en schöne Tag noch, Frau Bäschmann.
Tschüs.

Doris und Alfred verschwinden. Frau Bergmann wendet sich wieder dem Turm aus Katzenfutterdosen zu.

Kohlrouladen

10

Anastasia-Cheyenne
Romina

Schon seit zwei Zigarettenlängen wartet die 17-jährige Romina eines Samstagabends an der Bushaltestelle auf ihre Freundin Anastasia-Cheyenne. Sie hat sich mit ihr verabredet, um auf eine Party zu gehen. Endlich kommt ihr Anastasia-Cheyenne entgegengestöckelt.

Oh Mann, sorry, Romina, wartest du schon lang?
Ey nich wirklich …
Ich bin so im Stress! Ich wollt mir eigentlich noch die Haare waschen. Aber des hab ich nich mehr gepackt. Des sieht jetz voll unmöglich aus, oder?
Ey nich wirklich …
Ey, wenn der René mich so sieht! Stell dir vor, meine Mutter hat mich vorhin gezwungen, die Straße zu kehrn! So mit Besen und so!
Ey echt jetz oder wie?
Ja, und da musst ich mich ja vorher schminken. Sonst geh ich ja nicht raus! Stell dir vor, meine Mutter so: Du musst dich doch net schminken, um die Straße zu kehrn. Ich so: Hallo? Ich geh doch nich ohne Make-up auf die Straße!
Ja, des geht ja wohl ma gar nich.

Und dann war ich so voll mit Staub, dass ich noch ma duschen und neu schminken musste. Aber ohne Haare, weil ich ja keine Zeit mehr hatte. Und mein Bauch is voll aufgebläht!
Ey echt jetz oder wie?

Anastasia-Cheyenne hebt ihr Top an.

Ja, guck ma! Meine Oma hatte Kohlrouladen gemacht, und jetz bin ich voll aufgebläht! Wenn der René mich so sieht! Ich kann doch nich den ganzen Abend lang den Bauch einziehn!
Ey nich wirklich ...
Wobei ... Der René is eh en Arsch. Letztes Mal hab ich mir extra die Oberlippe epiliert. Mit so Kaltwachsstreifen. Des tut voll weh. Und dann küsst der mich net mal! Übrigens war ich gestern beim Arzt wegen meinen Beinen!
Ey echt jetz oder wie?
Weil ich hatte voll die Schmerzen in den Beinen. Bin ich zum Arzt. Und der sagt, ich hätt Muskelkater. Krass, oder? Hatt ich noch nie! Bestimmt von dem blöden Bodenturnen! Des Gespringe über diesen Bock und so! Nächste Woche meld ich mich wieder krank. Da sollen die Streber, wo zu Olympia wollen, über den fucking Bock hüpfen.
Aber echt, ey.
(schreit auf) Oh nein! Mein Nagellack is abgeplatzt! Des is nur wegen dem Straße kehren. Bestimmt bin ich da hängen geblieben an dem Besen! Nee, des geht gar nich. So kann ich nich auf die Party! Voll aufgebläht

und mit abgeplatzten Nägeln! Wenn der René mich so sieht! Komm, wir kaufen uns Pfläumchen und gehn zu mir. Oder wolltest du jetz unbedingt zu der Party?

Ey nich wirklich ...

Des wird dem René auch zu denken geben, wenn ich mich rar mach. Hab ich neulich gelesen in so nem Dating-Portal mit Tipps: Man soll sich rar machen! Ich musst erst ma googeln was »rar« heißt. Voll des komische Wort. Kennst du des?

Ey nich wirklich ...

(während sie weggehen) Da können wir bei mir auch noch en paar Kohlrouladen essen von meiner Oma. Sind noch welche übrig ... Der René sieht mich ja nich.

Im Schubkarren

11

Walter
Bruno
Marga, Brunos Frau

Rentner Bruno werkelt im Vorgarten herum, als sein Bekannter Walter des Weges kommt und am Gartenzaun stehen bleibt.

Ei, Bruno. Unn, du bist widder fit, hab ich gehört?
Aja, es geht. Aber ich brauch immer noch Thrombosespritze! Ich hatt schon über zehn Spritze seit de Operation!
Ach, des is doch ganz normal! Damals bei meim Beinbruch hatt ich über vierzisch Spritze!
Aja, was will mer mache.
Du hast uns ja en ganz schöne Schreck eingejaacht! Ich hab grad uff em Balkon gesesse, wie de Krankewage vorbeigerast is! Unn da hab ich ja gar net gewusst, dass der zu dir fährt!
Die Marga hatt gleich de Notruf gewählt. Des war mei Glück.
Wie ham sen dich raustransportiert?
Raustransportiert?
Die Sanitäter! Im Sitze oder im Liesche?
Des weiß ich gar net.

Des musste doch wisse!
Ich bin doch erst im Krankehaus widder zu mir komme!
Also bei mir, wie ich die Speichertreppe nabbgesterzt bin, ich bin im Sitze raustransportiert worn! In em Stuhl.
Aha.
Ja, weil ich konnt ja die Hüfte noch abwinkeln, deswegen konnt ich in den Stuhl. Da hab ich dringehockt wie in em Schubkarren.
In em Schubkarren?
Mei Mutter is auch so abtransportiert worn. Wobei, die war so übergewichtig. Die hätte se fast mim Kran hole müsse. Also dich ham se net in de Schubkarren?
Ich weiß net. Ich bin doch erst im Krankehaus widder zu mir komme.
Des würd mich ja intressiern, wie die in deim Fall vorgange sinn. Hm, wenn du gar nix mitkriegt hast, ham se dich wahrscheinlich flach uff die Bahre geleescht.

Bruno dreht sich um und ruft zu seinem Haus hin.

Marga?

Der Kopf von Brunos Gattin Marga erscheint im offenen Küchenfenster.

Was dann? Ach, hallo Walter!
Weißt du noch, wie ich abtransportiert worn bin von de Sanitäter?
Freilich, was en Schreck! Von eim Moment uff en annern! Ich hab gleich de Notruf gedrückt!
Hab ich geleesche oder gesesse? De Walter wollts wisse.

Aja, uff em Küchebode hat er geleesche. So hab ich ihn doch gefunne!

Naa, beim Abtransport!

Wie se ihn raustransportiert ham, die Sanitäter! Im Liesche oder im Sitze?

Also des weiß ich net mehr! Des is alles so schnell gange! Ich war doch unner Schock!

Naja, also, Walter, du merkst, mir könnes net mehr rekonstruiern.

Naja, schad. Hätt mich halt intressiert.

Ich kann ja beim nächste Mal druff achte.

Ja, mach des. Schöne Tag noch!

Ebenso!

Gefühlte Blumen

12

Desirée
Mario-Pascal

Sechs Monate sind Desirée (23) und Mario-Pascal (25) nun schon zusammen. Grund genug, diesen Tag feierlich zu begehen: Nach dem Abendessen beim Italiener sitzt man auf Desirées Balkon und betrachtet den klaren Sternenhimmel.

Is des net romantisch, Schatz? De Himmel dunkelblau unn voll mit Sterne ... Als wie wenn einer e Hand voll Glitzersteinscher druffgestickt hätt.
Hm.
Guck doch, des Gefunkel! Sieht aus wie mein neues Orsay-Top mit de Glitzerpajedde. Findste net?
Hol mir lieber ma was zu trinke. Ich hab so viel gesse, ich brauch was zum Verdaue.
Was willste dann? Ich hätt e Radler doo ...
Naa, doch net so en Mädsche-Kram!
... oder so en Meloneliggör.
Was will ich mit so em Süßbabb? Des zieht nur die Ameise an. Ich will en Verteiler!
Was?
En Verteiler! En Zerhacker!
En Schnaps? Hab ich jetz net doo.
Na subbä.

Jetz motz doch net rum. Du hast schon die ganz romantisch Stimmung kabutt gemacht!

Was is dann hier romantisch? Es is kalt, unn du hast noch net ma en Zerhacker doo!

Jetz beschwer dich net dauernd, ich beschwer mich ja aach net.

Hast ja aach kaan Grund. Bist ja schon mit deim Orsay-Himmel zufriede. Hast net ma en Zerhacker doo!

Unn du? Net emol Blumme haste mir geschenkt heut. Da könnt ich mich aach beschwern! Du waaßt doch, wie gern ich des hab, so en schöne Schnittblummestrauß!

Schnittblumme ... So en Quatsch ... Die ziehe nurs Ungeziefer an.

Du bist so en Simpel!

Fühl dich halt, als wie wenn ich dir Blumme geschenkt hätt. Unn jetz schaff was zu trinke bei. Von mir aus aach en Mädsche-Süßbabb!

Ich hätt aach noch zwei Flasche Weizebier doo. Aber kaa passende Gläser ... Is des okay?

Willste mich veräbbeln? Weizebier aus de Flasch? Des trink ich nur beim Autofahrn!

Einige Tage später trennte sich das junge Paar. Aufgrund »unvereinbarer Gegensätze«, wie es Desirée einer Freundin gegenüber ausdrückte.

Die Industrieküche

Rosi
Elvira

Elvira (61) steht im Supermarkt an der Metzgerei-Theke und gibt Bestellungen auf. Ihr Einkaufswagen ist bis zum Rand gefüllt mit Lebensmitteln. Ihre Bekannte Rosi (57) nähert sich.

Ei, Elvira, biste aach am Einkaufe. Jesses, du hast ja schon de ganze Waache voll!
Ja, schlimm. Hör uff. Die fresse mir noch die Haarn vom Kopp! Noch fünf Dose Presskopp unn e Pund Bauernschinke bitte! Ich koch doch öfters ma am Wochenend für die Kinner unn Enkel! Des artet langsam aus, des wern ja immer mehr Leut!
Aber is doch schee, wenn ma all bei de Oma zamme komme!
Ja, aber des wern immer mehr. Ich bin ja sogar schon Uroma! Unn die Enkel ham jetz aach all Freundinne. Die bringe se dann mit. Ich kann doch kaan wegschicke! Da heißts dann, Oma, du kochst doch so gut, derf ich die Jessica aach mitbringe. Was will ich dann da saache? Noch dreißisch Knobelinchen bitte!
Aja. So e Großfamilie, des macht schon Arbeit!
Ich brauch bald e Industrieküch! Des sinn so viel Leut.

Letzt Woch musst ich die Kartoffeln in drei Fuhre koche, weil die gar net all in mein größte Topf passe! Unn dann die Extra-Wünsche. Die Schwiegertochter isst kaa Fleisch, also Schinken isst se, aber kein Schweinsbrate. Unn die neu Freundin vom Justin is Japanerin, aber aus Zürich. Die babbelt schwizerdütsch unn isst kaa Kartoffeln, nur Reis.

Ja, des is die Globalisierung, gell.

Mein Sohn hat jetz angeblich irschend e Unverträglichkeit unn isst kaa Brot mehr. Nur noch Hirse. Unn de anner isst kaa Schweinefleisch mehr, weil er angeblich Gicht hätt. Des stimmt doch überhaupt net, des sinn doch alles erfunnene Fäzz! Die anner Schwiegertochter verträgt kaa Milchprodukte mehr. Jetz muss ich noch Sojamilch kaafe, dass se was in ihrn Kaffee schütte kann. Ekelhaft, den Rest vom Tetrapack muss ich dann immer wegschütte. Sojamilch, des trinke net emool mei Ischel im Garte. Die Freundinne von de Enkel sinn eh all Vegetarierinne. Neulich hatt ich Wildschweingulasch gemacht. Da ham die Klöß net gelangt, weil die Hälft von de Leut nur Klöß gesse hat unn kaa Fleisch. De Ottmar musst dann e Woch lang Wildschweingulasch esse. Er isstn ja gern, aber net e Woch lang! Aus irschend em Grund wern die jetz grad all vegetarisch! Noch sechs Dippe von dem Krautsalat bitte, ja, der mit de Speckwürfel! Unn überhaupt, ich weiß net mehr, wo ich die Leut all hinsetze soll. Mein Esstisch is zu klein, mir müsse nächst Jahr de Wintergarte ausbaue desweesche. Kostenvoranschlag: Zwanzischtausend Euro!

Eieiei. Da haste ja einisches zu tun.

Mir sinn ja bald zwanzisch Leut sonntags. Ich back jedesmal fünf Kuche, die passe gar net all in mein Kühlschrank. Ich bräucht werklich e Industrieküch! Unn die Klöß! Ich bräucht en Kessel so groß wie beim Miraculix. Allein für die ganze Klöß! Noch e Pund Lewwerkäs unn zwei Kilo Rinderhack bitte! Unn fürn Hund muss ich aach noch koche! Weil der brauch e spezielles Schonfutter, wo erwärmt wern muss. Weesche irschend em Darmproblem. Ich wills gar net so genau wisse.
Aber warum kaufste dann jetz so viel Fleisch, wenn die doch all vegetarisch wern?
Des is alles für moije. Da kommt mei Schwester zu Besuch ausm Schwarzwald. Mit ihrm Mann. Die sinn noch net vegetarisch, die esse alles! Der ihrn Mann, den müssteste ma sehn. Der is so dick, der kann kaum aus de Auge gucke. Der sieht aus wie e Schildkröte! Aber en dankbare Esser isses, der hat kaa Extra-Wünsche! Unn ihrn Sohn is aach so dick. Der is erst vierzehn, aber sieht aus wie 's Michelinmännche! Aber egal, die sinn wenigstens dankbar unn esse alles!
Aja, siehste. Gibt aach noch normale Leut. Ja, also, dann schöne Tag noch!
Dir aach! Noch zehn Hähnchenschenkel unn e Pfund Schmalzfleisch!

Der Irmgard ihr Halstuch

14

Dame 1
Dame 2

Nach zwei Stunden Plaudern und Kaffee trinken verabschiedet sich eine muntere Damenrunde im Café voneinander. Während manche nach dem Bezahlen schon gegangen sind, bleiben zwei Seniorinnen am Tisch zurück, da sie noch mit dem Ordnen ihrer Geldbörsen, Handtaschen, Hüte und Mäntel beschäftigt sind.

Is die Rosi schon fort?
Ja, die musst zum Bus. Wo issen mei Jack?
Jetz hatt ich gar net Tschüs gesacht. Naja.
Guck ma, da is noch e Halstuch.
E Halstuch?
Des wo da über de Stuhllehne hängt. Is des net de Irmgard?
Des is de Irmgard ihr Halstuch, ja.
Ei, da hat se des vergesse. Es is aber aach e Hektik! Bis jeder sei ganzes Geraffel widder zamme hat …
Naa, ich glaab, die Irmgard kommt noch ma. Die is nur uff em Klo.
Ach, die Irmgard is uff em Klo.
Ja, da hängt ja aach noch ihr Jack.
Des is de Irmgard ihr Jack?

Ja. So, ham mer jetz alles? Ich bin fertisch.
Ja, aber da müsse mer ja jetz erst noch uff die Irmgard warte.
Ach so, weesche ihrm Halstuch.

Die Damen warten eine Weile, knöpfen derweil ihre Handtaschen auf und zu und tippeln von einem Bein aufs andere.

Maanste, die is werklisch uff em Klo?
Die geht doch net fort unn nimmt ihr Jack net mit. E Halstuch kann mer ja ma vergesse, aber doch net e ganze Jack. So warm isses net drauße.
Die Herta hatt neulich ihrn Mann beim Edeka vergesse. Sie hatt schon alles in de Kofferraum geräumt unn wollt fortfahrn, da isser rauskomme. Der hatt se drin überall gesucht. Dabei hatt se schon längst bezahlt.
Ach komm.
Ja, da sieht mer ma.

Die Damen warten.

Jetz müsst die Irmgard aber langsam mal rauskomme.
Die war doch vorhin erst uff em Klo. Wieso geht se dann jetz schon widder?
Aja, zur Sicherheit.
Naja, ich geh, glaub ich, aach noch ma ... Ich muss zwar net ...
Mer kann net oft genuuch gehn.
Des stimmt. Mer weiß ja net, wann es nächste Klo kommt. Passt du so lang uff de Irmgard ihr Halstuch uff? Unn uff ihr Jack?
Naja, eigentlich könnt ich ja aach noch ma ... Ich war

zwar erst, aber ... Ich hatt drei Kaffee unn dann noch des Wasser. Da muss ich eh bald widder.

Aja, da gehn mer halt noch emool.

Ja, zur Sicherheit.

Zur Sicherheit, ja.

Die Damen gehen zusammen auf die Toilette und bleiben verschwunden. Die Bedienung räumt den Tisch ab und öffnet ein Fenster. Im Luftzug wehen sanft Irmgards Jacke und Halstuch.

Unterm Vlies

15

Oma
Sohn
Tochter

Die Oma hat ihre zwei Kinder und die Enkel eingeladen. Während die drei Enkel im Wohnzimmer den Fernseher eingeschaltet haben, versuchen die Erwachsenen am Esstisch, bei Espresso und Käsekuchen, eine Konversation zu führen. Aus dem Fernseh-Raum dröhnen Explosionen, Schüsse sowie die Schreie der um die Fernbedienung streitenden Kinder. Die Oma hantiert hektisch am Kaffee-Automaten.

So. Jetz erzählt ma, was gibts Neues? Volker, mit Milch unn Zucker? Regina, hast du schon Kaffee? Nemmt euch Kuche. Ich hatt net genuuch Zucker, aber es müsst aach ... Was wollt ich jetz, Volker, mit Milch unn Zucker?
Nee, nur schwarz. Elvis, macht ma de Fernseh leiser! Mer versteht ja sei eigenes Wort net!
Der Herr Frieß wollt nachher noch vorbeigucke. Also falls es klingelt, gell, der wollt die Abdeckplane zurückbringe. Die hatt er sich geliehe. Die renoviern doch seit vier Woche ihr Terrasse. Die mache da so italienische Fliese druff. Regina, wohin fahrt ihr jetz im Sommer?
Lionel, was issen des für e Gekrisch? Macht emal de

Fernseh leiser! Ach je, die hörn nix ... Mir fahrn nach Ostfriesland.

Unn, Volker, was macht dann euern Garten? Wann komme die Bagger?

Was machst du mit Bagger?

Es komme kaa Bagger. Ich muss ja erst mal die Planung fertisch mache. Mir wolle die ganze Büsch rausrobbe.

Die Kaffeemaschin haach ich aach bald zum Fenster naus. Da fließt ja kaum noch was dorsch! Esst, trinkt, ich komm gleich! Mistding, bleedes.

Euer schöne Fliederbüsch?

Mir mache en Steingarte, wo kaa Unkraut mehr wächst.

Hauptsach du machst nix mit Vlies!

Ich mach doch kaa Fliese in mein Garte!

Naa, net Fliese! Vlies! Mach nix mit Vlies. Des hat de Herr Frieß mir gesacht. Die hatte ihrn Vorgarte mit Vlies.

Ich kenn doch em Herr Frieß sein Vorgarte. Der is doch net gefliest!

Net Fliese! Vlies! Jesses, Kinner, macht doch ma de Fernseh leiser!

Was is »Fließ«?

E Unkrautvlies! Des is so e Plane, da kommt kaa Unkraut dorsch. Da kannste Rindemulch drüwwer streue oder Staa, oder ... Egal, du sollst ja kaa Vlies nemme. Da verschimmelt unnedrunner die Erde unn die Würmer ersticke. Regina, nemm dir noch Kuche. Ihr könnt euch aach mitnemme, der muss fort!

Da fällt mir grad ein. Hatt de Lionel es letzte Mal seinen Fleece-Pulli bei dir vergesse?

Was?

Aja. Bevor die Würmer verschimmele, mach ich halt kaa Vlies.

En blaue Fleece-Pulli.

Uff kaan Fall darfst du Vlies nemme!

Ich hab ja bis eewe gar net gewusst, was e Vlies is.

Des is doch was ausm Lateinbuch. Das Goldene Vlies, da war so e Geschichte mit so em Widderfell. Amelie, hattet ihr net neulich was mit em goldene Vlies in Latein? Ach, die hörn nix.

Hats net grad geklingelt?

Naa.

Die Oma setzt sich an den Tisch.

De Herr Vlies wollt doch komme, weesche dem ... Was waaß ich, was der wollt. So, jetz esse mer noch schee e Stück Kuche unn lasse uns net mehr ablenke. Also, Regina, jetz hab ichs schon widder vergesse. Wohin fahrt ihr in Urlaub?

Nach Ostfließrand.

(seufzt) Schee.

Das Männer-Regal

16

Mann
Mitarbeiterin einer Bücherei

In einer öffentlichen Bücherei tritt ein älterer, etwas zerzaust aussehender Mann an den Informationsschalter.

Guten Tach, ich wollt fraache. Habt ihr aach so e Männer-Regal?
Ein Männer-Regal?
Also, mei Frau leiht hier immer Bücher aus. Aussem Fraue-Regal.
Aus dem Frauen-Regal? Ach, Sie meinen bestimmt unser Themen-Regal »Frauen und Weiblichkeit«.
Ja, da leiht die sich immer so Bücher aus. So Frauenschicksale. Wo sich Fraue rauskämpfe müsse aus ihrne Beziehunge. Mit Liebe unn Zeusch. Wo die dann immer ihrm Herz folge müsse. So Zeusch halt, wo nur Fraue interessiert.
Und was suchen Sie jetzt genau?
Aja, des Männer-Regal.
Ach so ... Also, ein spezielles Männer-Regal haben wir nicht. Was für ein Buch suchen Sie denn?
Kei Ahnung, ich les ja nie was. Mei Frau hat gesacht, ich soll mir aach ma was ausleihe. Unn ich wusst nur, sie holt sich immer Bücher von euerm Fraue-Regal.

Da is hinne am Buchrücke immer so en Babber, da steht »Frauen« druff. »Frauen«, in Großbuchstaben. Da erkennt mer des schon, dass des e Buch aussem Fraue-Regal is.
Würden Sie gerne einen Krimi lesen?
Net unbedingt.
Haben Sie einen Lieblingsautor?
Naa. Ich hab gedacht, im Männer-Regal stehn alle Bücher, wo Männer intressiern. Was waaß ich. Fußball. Bücher über Werkzeug. En Pirelli-Kalenner.
Fußballbücher sind bei »Sport«. Werkzeug würd ich vermuten, dass sich da vielleicht was Spannendes bei den Heimwerker-Büchern findet.
Unn so en Pirelli-Kalenner zur Ansicht? So was ham Sie net da?
Ähm ... Nein.
Schad. Jetz bin ich extra herkomme. Ihr habt e Fraue-Regal, e Kinder-Regal, e Jugend-Regal, sogar e Asyl-Regal habt ihr. Ich hab mich umgeguckt. Des einzische, was fehlt, is e Männer-Regal. Da braucht ihr euch net wunnern, wenn nur Fraue unn Kinner Bücher ausleihe. Braucht ihr euch net wunnern!
Ich kann Ihren Wunsch nach einem eigenen Regal mit Männer-Themen bei der nächsten Teamsitzung vorstellen, wäre das in Ihrem Sinne?
(im Weggehen) Ach, eischentlich is mir des egal. Ich komm eh net mehr. Ich les ja nix. Ich bin ja nur doo, weil mei Frau gesacht hat, ich soll mir auch ma was ausleihe. Jetz hab ich e gute Ausrede. Tschüs!
(resigniert) Ach so. Na dann. Tschüs.

Intervallfasten

17

Doris
Gabi
Alfred, Doris' Mann

Gabi ist bei ihrer Schwester Doris und deren Mann Alfred zum Grillen eingeladen. Gemeinsam verspeist man auf der Terrasse Schweinesteaks, Bratwürstchen und weiteres Grillgut. Doris legt das Besteck weg.

Oh ich bin so satt, ich platz gleich.
(mit vollem Mund) Du hast wunderbar gegrillt, Alfred! Unn der Kartoffelsalat is auch gut!
Ich hab ja noch en Kuche gebacke zum Nachtisch, e Apfelweinsahnetorte.
Oh, herrlich!
Aber ich glaub, damit warte mer noch e bissje, oder?

Alfred stößt auf und reibt sich den Bauch.

Ja, erst emal sacke lasse, dass widder was neibasst.
(kaut) Also von mir aus kannste die Torte gern schon hole, Doris.
Naa, mir warte e bissje. Ess in Ruh dei Worscht fertig, Gabi, mir müsse uns ja net hetze.
Also wenn ich noch Torte ess, dann jetz gleich im Anschluss. Ich kann net warte.

Haste noch en Termin?

(kaut) Naa, ich mach doch Intervallfasten. Ich muss jetz entweder übergangslos weiteresse oder uffhörn.

Intervallfasten? Des hab ich schon gehört. Des is doch jetz so in Mode!

Ja, des is total gesund. Ich ziehs jetz schon seit fünf Daach eisern durch. Aber es is schon e Umstellung!

Was sollen des sein?

Da derfste acht Stund lang esse unn dann musste seschzehn Stund Pause mache. Also ich kann bis abends um acht esse. Des is jetz ... *(Sie sieht auf die Uhr.)* ... In drei Minute is mei Zeitfenster fürs Essen rum. Unn dann muss ich seschzehn Stund pausiern unn darf erst widder moije Mittag um zwölf esse.

Des kommt aus de Steinzeit, des Intervallfasten, gell? Weil da hat mer ja auch net immer Nahrung zur Verfüschung gehabt unn musst hungern über en längere Zeitraum.

Genau, des Intervallfasten ahmt des quasi nach, den Zustand von de Steinzeit.

Ja, unn des hältst du durch? Seschzehn Stund nix esse? Was e Willensstärke!

Ich bin eisern! Heut Mittag war ich mit de Ulla zum Brunch verabredet, ab zwölf Uhr darf ich ja esse. Ham mer schön gebruncht bis drei Uhr. Dann hab ich mir e Mascarpone-Creme gemacht, unn en Rhabarberkuche ham mer gesse zum Kaffee. Unn dann bin ich ja zu euch komme zum Grille.

Also mer darf dann acht Stund lang ununterbroche esse?

Ja, aber nur acht Stund lang. Unn dann musste widder seschzehn Stund warte.

Ja, unn, bringt des was? Haste schon abgenomme?

Naa, noch net. Aber des is ja aach längerfristig angelegt. Des is net so e Hauruck-Diät, verstehste?

Gabi, ich bewunder dich. Was e Willensstärke!

Also ich will net drängeln, aber es is gleich acht Uhr. Ich bin zwar babbsatt, aber wenn ich jetz kaa Stück Torte ess, is mei Zeitfenster rum.

Ich kann dir auch e Stück einpacke, dann musstes jetz net über Not neistoppe. Dann kannstes moije Mittag zum Frühstück esse. Ab zwölf Uhr darfste doch widder, oder?

Ja, aber moije um zwölf bin ich mit de Resi zum Speckflammkuche-Esse verabredet. Die macht aach grad Intervallfasten!

Ach siehste, des is ja en richtige Hype!

Unn ab siebzehn Uhr gehn mer zum große Asia-Buffet im Peking Garden. Aber nachmittags könnt ich von de Torte esse. Da gibste mir grad e Stück mit. Unn e anner Stück ess ich jetz gleich. Ich hab ja noch zwei Minute.

Doris holt die Torte.

Gabi, ich bewunder dich … Was e Willensstärke … Unglaublich.

Beim Neurologen

18

Dame 1
Dame 2

Zwei Seniorinnen unterhalten sich im Wartezimmer eines Neurologen.

Es is ja e Wunder, dass heut ma net so voll is. Mer muss ja Monate warte uff en Termin.
Aja, ich komm jetz reeschelmäßisch, weil die so e Dauerunnersuchung mache. Weesche de taube Händ.
Ich hatt gestern widder so e Krise, wie die Enkel da warn. Ich kanns bald net mehr verkrafte. Ich maan, es gibt ja bestimmt aach Kinner, wo lustisch sinn unn leis spiele, oder? Da denk ich mir schon manchma, warum kann ich net so Enkel ham. Warum muss immer Gekrisch sein?
Ich nemm se gar net mehr. Ich hab zu meiner Tochter gesacht: Claudia, mei Nerven sind nicht in Fett gebettet. Die liesche blank!
Mei aach ...
Naja, de eine Enkel is jetz wenigstens alt genuuch, dass er mir de Computer repariern kann. Der is jetz acht worn. Neulich hat er widder gesacht, Oma, dein Computer is so langsam, da is so viel Zeusch drin. Ich müsst de Papierkorb leern. Was waaß ich, ich hab da noch nie was nei. Ich waaß net, von was der Computer

so voll is. Unn jeden Monat müsst ich was mache mit Virus, dass da kaan Virus nei kommt.

Ich hab ma ausgerechent, ich hab die Krankenkass schon zweihunnerttausend Euro gekost. Allein des deuerne Durchleuchtungsgerät. Unn die künstliche Hüfte …

Ich muss jetz unten rechts so en Virus anklicke. Unn dann geht so en Schirm uff. Mit de linke Taste holsten bei, mit de rechte kannste e Aktion auswähle. Mit so was kenne se sich ja aus, die Enkel. Die mache ja nix anneres. Deshalb sinn se ja aach immer so uffgeputscht.

Computer, ja, da kannste Stunde mit verbringe. Stiehlt aam nur die Zeit.

Ich wusst gar net, dass du e künstliche Hüfte hast.

Die war am teuerste von allem. Unn je nachdem, wie lang ich noch leb, musse noch ma ausgetauscht wern.

Naja, mir ham aach genuuch eibezahlt.

Also wie gesacht, die Enkelbetreuung hab ich jetz erst emool uff Eis leesche müsse. Was e Gekrisch, ich musst immer gleich mei Nervetablette nemme, wenn se widder fort warn. Des is doch kaan Zustand!

Ja, mer derf sich net kaputt mache. Denk ma an dich!

Sonst erleb ich des net mehr, dass mir noch ma die Hüfte ausgetauscht werd.

Freilich erlebste des noch!

Mer hat se ja gern, die Kinner, awwer …

Lass dich net erweiche! Derfst dich uff kaan Fall erweiche lasse!

Es muss doch irgendwo aach Kinner gewwe, wo lustisch sinn unn leis spiele. Oder?

Ich waaß es net. Ich waaß es net.

Der Brieffreund

19

Doris
Ulla

Ulla ist bei ihrer Freundin Doris zum Brunch eingeladen. Gemeinsam sitzt man im Wohnzimmer und trinkt Sekt.

So e Sektfrühstück is was Schönes!
Yes, it's absolutely wonderful!
Ach, haste jetz mit deim Englischkurs angefange?
Englischkurs?
Du wolltst doch dei Englisch uffbessern, haste mir erzählt. Biste jetz in ner Sprachschule?
Naa, der Unterricht, des is alles viel zu teuer. Ich hab was Besseres uffgetan! Ich hab jetz en Brieffreund! Mir schreibe uns immer E-Mails! Completely in English!
Ach, des is ja schee! En Engländer?
Naa, des is de Mr. Okongwo aus Nigeria!
Aus Nigeria? Wie bisten an den komme?
Der hat mir gemailt.
Der hat dir einfach so gemailt? Versteh ich net.
Wie der jetz speziell uff mich komme is, weiß ich net. Aber jedenfalls hat er geschriwwe, dass er de Mister Okongwo is aus Nigeria, unn dass er zehn Millione Dollar in em Bankschließfach gefunne hat.
Was?

Unn des Geld will er nach Europa transferiern, aber dadezu brauch er mich als Mittelsfrau! Unn ich soll ihm zwanzischtausend Euro Bankgebühren überweise. Unn dann krieg ich siebeneinhalb Millione Dollar.
Ulla, bist du verrückt. Des is Spam. Des is en Betrüücher!
Ach Doris, des mach ich doch net, mit dem Geld. Ich sehs doch nur als kostenlose Englischkurs. Mir schreibe uns so nette Mails seitdem. My English is schon so much better worn!
Du darfst dem doch net antworte!
In letzter Zeit wird er halt e bissje ungeduldig.
De Mister Okongwo wird ungeduldig?
Ja. Er hat gemailt, des wär dringend mit dem Geld. Weil sonst fällts seine Feinde in die Händ. Was weiß ich. Unn er könnt mir die Geldkoffer aach persönlich überbringe, wenn ich ihm vorab fünfundzwanzischtausend Euro überweis.
Um Himmels wille, du hast dem hoffentlich net dei Adress gewwe!
Freilich, der kann gern uff en Kaffee vorbeikomme, de Mister Okongwo. Is doch schee, wenn mer sein Brieffreund ma persönlich kennelernt. Ob er die Koffer debei hat, is mir egal. Der hat mir eh schon en Haufe Geld gespart für de Sprachkurs.
(entsetzt) Ach du liebe Zeit, Ulla, ich brauch noch en Sekt!
Uff de Mister Okongwo unn mein kostenlose Englischkurs!
Prost!
Cheers!

Die Maiblindheit

20

Bernd
Willi
Inge, Bernds Frau

An einem Abend im Mai sitzt Willi bei seinem Freund Bernd auf dem Balkon. Bernds Frau Inge schaut im Wohnzimmer eine Rosamunde-Pilcher-Verfilmung. Nachdem jeder der Herren fünf Bier getrunken hat, geht Bernd in die Küche und betritt wieder den Balkon, in den Händen eine Bowle-Schüssel.

So, Willi, weil ich gewusst hab, dass de kommst ... Mach grad ma Platz uff em Tisch ... Weil ich gewusst hab, dass de kommst, unn weil Mai is ...
(mit schwerer Zunge) **Was issen des?**
... hab ich uns ma zusätzlich noch e schöne Maibowle gemacht!
Aja, ma was Anneres. Schenk ei!

Bernd schöpft jedem einen großen Becher voll Bowle.

Mit original Maikraut. Waldmeister. Kennste des? ... So ... Prost!
Schmeckt gut ... Oh, schmeckt aarch gut!

Bernd ruft ins Wohnzimmer.

Inge, willste aach Maibowle?
Naa.
Hab ich mir gedacht. Ham mer mehr fer uns.
Is gut ... Aarch gut ... Des Kraut aach, kann mer grad so mitesse.
Den Waldmeister derfste aber net mitesse, der is doch giftich.

Willi kaut.

Hm?

Bernd ruft ins Wohnzimmer.

Inge, oder? Waldmeister is giftich?
Ja. Jetz lass mich doch ma mein Film gucke!
Ich hab aach grad en Stängel runnergeschluckt aus Versehe.
Ja unn. Was passiert jetz?
Inge, was passierten jetz? Mir ham Waldmeister gesse!
Aber stimmt. Jetz wo de des sagst. Is da net so was drin, wo aach im Absinth drin is?
Ich waaß nur, dass es giftich is.
Ja, was passierten jetz. Ich hab den ganze Büschel mitgesse!
Ja, ich aach. Da werd schon nix groß passiern ... Ich glaub, da werd mer nur blind devon.
Blind?
Ja, wie bei de Absinthtrinker. Die sinn doch aach all blind worn.
Ja, hab ich doch grad gesagt. Da is des Gleiche drin wie im Absinth!

Was issten des aach mit, wenn de des waaßt?
Des konnt ich doch net wisse, dass mer da gleich blind werd!
Inge, kann des sein, dass mer von Waldmeister blind werd?
Ja, jetz geb Ruh!
Ich seh schon nix mehr!
De Willi sieht schon nix mehr!
Mir wird ganz schwarz vor Aache.
Des is de Blutdruck.
Des is die Maiblindheit!
Ich maan, ich deed aach schon schlechter sehn ...

Willi hebt mit schwerer Zunge an.

Die Maiblindheit schien lange Zeit ausgestorben, doch eines beschaulichen Abends forderte sie zwei weitere Opfer. Auf einem Balkon im idyllischen ...
Ich seh aach kaum noch was, Willi! Inge, mir sehn nix mehr!
Ja! Könnt ich jetz endlich ma in Ruhe meinen Film schauen?
Schenk noch mal nach. Vielleicht wenn mer Gleiches mit Gleichem bekämpft ... dass es dann widder weggeht ...

Bernd schenkt jedem schwungvoll einen zweiten Becher nach.

E gute Idee ... Prost, Willi. Ab dem Zweiten sieht man wieder.

Willi trinkt zügig.

Ja, ich maan, es deed besser wern ... Ich seh widder.
Ich aach ... Was e Glück! Inge, mir könne widder sehn!
Mir könne widder sehn!
Mir ham die Maiblindheit besiegt!

Während die Männer weiter jubilieren, schaltet Inge den Fernseher aus und geht ins Bett – offensichtlich gänzlich unbeeindruckt davon, dass ihr Mann und sein Freund gerade der Maiblindheit nur um Haaresbreite entkommen sind.

Das Darmstädter Haus

21

Ralf-Dieter
Mutter

Ralf-Dieter (37) telefoniert mit seiner Mutter. Sie hält ihn über die neuesten Entwicklungen in der Nachbarschaft auf dem Laufenden, was den Sohn jedoch inhaltlich überfordert.

Kennste noch de alte Wenzel?
Nee.
Der is jetz aach gestorbe.
Aha.
Den musste doch kenne. Der hat da hinne gewohnt, im Darmstädter Haus.
Was issen des Darmstädter Haus?
Des Darmstädter Haus, des hat doch die Oma immer gesagt, weil des der Fraa gehört hat, wo in die Darmstädter Metzgerei eigeheiert hatt. Unn die hatt hier en Acker, unn da hat de Darmstädter Metzger des Haus druff gebaut. Unn deshalb hat die Oma immer gesagt, des isses Darmstädter Haus. Des musst du doch noch wisse!
Wo sollen des sein?
Früher, wie mir noch an de Hauptstraaß gewohnt ham, schräg hinnedran. Aber net direkt sichtbar, hinnerm Borchert. An de Borchert angebaut!

Wer issen de Borchert?
Der mit dem große Hund, wo net belle konnt.
Hm.
De Sohn vom Borchert war doch mit dir in de Grundschul! Wo dann nach Südafrika ausgewandert is. De Jürgen!
De Jürgen war net bei mir in de Klass. De Peter war bei mir, de Bruder.
Aja, dann weißte ja, wo em Borchert sei Haus is. Unn an de Borchert angebaut isses Darmstädter Haus.
Ich kenn dem Borchert sei Haus net, ich war doch nie bei denne daheim.
Der anner Sohn is nach Südafrika ausgewandert. Net de Jürgen, de Peter aach net. Aber die hatte noch en annern. Unn der is dann als Hautarzt nach Südafrika gange.
Aha.
Dass du des Darmstädter Haus net kennst!
(seufzt) Mama ...
Die Oma hat immer devon erzählt. Wie se noch laufe konnt, is se extra immer am Darmstädter Haus vorbei gegange unn hat geguckt.
Nach was geguckt?
Aja, was die für Weihnachtsbeleuchtung ham. Unn was für Autos da parke.
Hm.
Wie sinn mern da jetz druff komme ... Ach ja, de alte Wenzel! Der is gestorbe, aber du kennst den ja eh net. Wobei mich des werklich wunnert, weil du den kenne müsst. Denk halt noch ma nach!

Wer issen de alte Wenzel?

Den kennst du hunnertprozentisch!

Gibts aach en junge Wenzel?

Freilich gibts aach en junge Wenzel. Aber den kennst du net. Den kannst du gar net kenne.

Wieso net?

Weil der nie im Darmstädter Haus gewohnt hat!

Was Mädchen können müssen

22

Jessy
Kundin
Gertrud

Es ist 10.15 Uhr. Im Friseursalon »Kammikaze« ist Friseurmeisterin Gertrud gerade mit dem Kämmen einer etwa 70-jährigen Kundin beschäftigt, als das Telefon klingelt. Die Auszubildende Jessy (18) nimmt den Hörer ab.

Salon Kammikaze, Jessy am Apparat?
Des is bestimmt mein Mann! Der kanns net abwarte, dass er mich abhole kann! Schee hastes widder beigestuft, Gertrud!
Ja, bei dir isses halt immer e Feinarbeit. Weesche deine ganze Wirbel.
Ja, die schlimme Wirbel!

Jessy telefoniert.

Ihre Frau? Ja, ich frag mal bei der Chefin nach, obs noch lang dauert.
Ja, sag ihm, mir sinn gleich fertisch. Sie muss nur noch gekämmt wern!
(Jessy ins Telefon) Also, Ihre Frau muss nur noch gekämmt werden.
So in fünf Minute!

Naa! Jessy, sag, in ner Dreiviertelstund soll er mich abhole! Der kann sich ruhig noch e bissje geduldе! Sag, in ner Dreiviertelstund!
(Jessy ins Telefon) Ähm ... So in fünfundvierzig Minuten können Sie sie abholen.
Ja, ich muss dann noch ma uff en Klo unn des Heftche wollt ich bei euch noch fertisch lese, wenn ich darf.
Ei freilich darfste dei Heft fertisch lese.
(Jessy ins Telefon) Okay, bis dann.

Jessy legt den Hörer auf.

Also er kommt in ner Dreiviertelstunde zum Abholen. Er hat gefragt, warum des Kämmen so lang dauert.
Ja, der soll net so en Stress mache! Da kommt er halt e bissje später zum Frühschoppe. Des soll eh net zur Gewohnheit wern, dass der unner de Woch zum Frühschoppe geht.
So, ich bin dann so weit fertisch. Gefällts dir?
Ja, wunderbar, wie immer! Jessy? Erinner mich beim Bezahle, dass ich dir heut aach ma was in dei Schwein steck! Der Kaffee is so gut, wo du mir gekocht hast!

Jessy beginnt, die Haare der Kundin zusammenzukehren.

Des freut mich, danke!
Jessy, ich saach immer, e Mädche muss Kaffee koche könne. Dann kanns heirate! Kaffee muss es koche könne, unn Brot schneide.
Unn die Jessy kann sogar aach Haarn schneide, net nur Brot!
Bei meim Mann wachse seit zwei Jahrn die Haarn net

mehr. Weesche de ganze Vollnarkose, wo er hatt. Der Kaffee is werklisch gut, wo die Jessy macht.

Des kann se, ja.

Hast du schon en Mann, Jessy?

Nee, noch net.

Aber en Freund haste?

Leider net, nee.

Ach, da find sich schon aaner!

Ach, hoffentlich!

Hab ich gar kaa Bedenke. Wunderbar hastes geschnitte, Gertrud, wunderbar. Ich geh grad ma uff en Klo unn dann les ich noch mei Heft fertisch. Da war so en intressante Bericht über die Kate unn de Prinz William. Des is schon was für e Mädsche, wenn mer en Prinz heiert!

Ja, den William hätt ich aach gern genomme!

(Kundin auf dem Weg zur Toilette) Du findst schon en annern. Hab ich kaa Bedenke. Überhaupt kaa Bedenke. So gut wie du Kaffee kochst!

Die friedliche Party

23

Ines
Petra

Beim Gassigehen mit ihren Hunden treffen sich Ines und Petra, die sich über ihre Kinder kennen. Nach kurzem Smalltalk kommt man auf den Nachwuchs zu sprechen.

Ach, ich bin so im Stress. Ich muss dann noch Wodka unn Malibu unn Jägermeister unn Pfläumchen kaufe für die Party.
Was für Party?
Unsern Jerome feiert doch sein achtzehnten Geburtstag am Samstag.
Ach, der wird auch schon achtzehn. Siehste!
Ich hab ja Bedenke, wie des wird. Der feiert im Fußballerheim, zusamme mit em Kumpel. Da komme achtzisch Leut. Ich hoff, dass des net so ausartet.
Ach, mach dir kaan Kopp. Beim Linus war alles friedlich. Der hat ja im Anglerheim gefeiert vor zwei Jahrn. Des war aach e große Party, hunnert Leut. Aber alles ganz zivilisiert.
Ach, hattst du mir damals net erzählt, dass dreimal de Rettungswaache kommen musst?
Ach so, des! Ja, stimmt, des hatt ich schon ganz vergesse. Naja, was kann ich dezu, wenn der Cornelius

en Asthma-Anfall kriegt wegen der Nebelmaschin? Des konnt mer ja net ahne.
Unn der anner, wo fast ertrunke is?
Naja, ertrunke isser net. Der war nur unnerkühlt. Dem war sei iPhone vom Bootssteg in de See gefalle, unn er is hinnerher gesprunge. Unn im März wars Wasser halt orsch kalt. Naa, babbel, es war gar net sei iPhone, des war des iPhone von seiner Freundin. Die wollt er beeindrucke, dass er ihr des Handy ausm See holt. Deshalb isser gesprunge.
Aha.
Des Mädsche ham se dann aach abtransportiert, die hatt en Nervezusammebruch. Die hat nur noch gekrische.
Weil er fast ertrunke is.
Naa, weil des Handy fort war.
Ach so, des war dann de dritte Einsatz vom Rettungswaache.
Naa, die is ja mit dem Unnerkühlte zusamme weggebracht worn. De dritte Einsatz war so en Kumpel vom Linus. Der hatt e Alkoholvergiftung. Der hatt zu viel Jägermeister getrunke.
Oh Jesses.
Der war im Koma. Aber nur kurz. Sonst is eigentlich nix vorgefalle.
Hm.
Die annern fünf Leut, die betrunke warn, ham se nunner in de Keller geschleppt unn uff die Fliese geleescht. Dann ham se Wasser drüber gekippt. Da sinn die schnell widder wach worn. Da musst dann net extra

noch mal de Rettungswaache komme. Also, du siehst: Alles recht unkompliziert!

Aha.

Naja, am nächste Tag musst ich halt noch des ganze Blut aufwische.

Blut?

Ja, da gabs wohl am End noch e klaane Schlägerei. Da hat aaner em annern uff die Nas gehaache. Ich waaß net, jedenfalls war auße Blut an die Hauswand gespritzt. Aber sonst wars eischentlich friedlich. Kann mer nix saache!

Ja. Aja. Hoffe mer, dass es beim Jerome aach so wird.

Im Schnitzelrestaurant

24

Mutter
Tochter
Bedienung

Eines Sonntags haben sich Mutter (75) und Tochter (52) in einem gutbürgerlichen Lokal zum Mittagessen verabredet. Im weitläufigen, verwinkelten und voll besetzten Wirtsraum sitzen sie sich an einem kleinen Tisch gegenüber. Die ältere Dame hat mit dem Rücken zur Wand Platz genommen, um den Überblick über das Geschehen zu behalten. Schon seit Längerem beobachtet sie drei weibliche Gäste.

Da hinne ums Eck sitzt übrigens die Antonia. Ihr Tochter unn ihr Mutter sinn aach debei. Die Tochter is so alt wie du, die Ingeborg, die kennste, oder?

Die Tochter will sich umdrehen.

Die Ingeborg, ja.
Net higucke! Net dass die denke, dass mir die beobachte! Du siehst die jetz eh net, die sinn da so schräg ums Eck. Ich seh jetz aach nur noch die Oma. Ich glaub, die bezahle grad. Ja, jetz stehn se uff.
Des dauert ganz schön lang, bis des Essen kommt. Ich hab jetz echt Hunger.

Die Mutter schlägt sich die Hand vor den Mund.

Oh Jesses, was lääft die schlecht!
Hm?
Net higucke! Die Antonia lääft ja so schlecht, die is kaum von ihrm Stuhl uffkomme. Ihr Mutter lääft aach schlecht, aber die is ja schon über neunzisch.
Ich guck ma unauffällig, ja?
Net umdrehn! Oh Jesses. In Zeitlupe ziehn die sich die Jacke an. Ich sag Bescheid. Die laufe jetz hinner de Garderobe zum Ausgang. Unn wenn se da sinn, kannste dich ma kurz umdrehn.
Ja, dass ich ma seh, wie die laufe.
Ach du liebe Zeit, die Ingeborg lääft ja aach so schlecht! Des müssteste sehn! Die laufe alle drei gleich schlecht! Oma, Mutter unn Tochter!
Is die Ingeborg noch so dick?
Ja, ja, oh, was lääft die schlecht! Die lääft ja schlechter als ihr Mutter.
Sinn se jetz am Ausgang?
Naa, die sinn doch so langsam. Jetz helfe se de Oma in die Jack. Die Oma lääft fast noch am beste, obwohl se über neunzisch is.
Kann ich jetz gucke?
Naa, jetz sinn se hinner de Garderobe. Wart. Gleich komme se zum Ausgang. Also dass die all so schlecht laafe ... Naja, sie sinn halt so schwer. Die Tochter brauch aach bald en Rollator.
Hast du gesehn, was die gegesse ham?
Jede hat e Schnitzelplatte gesse. Ich hab vorhin geguckt,

wie ich uffs Klo bin. Nur die Oma hatt kaa Schnitzelplatte. Die hatt en Hackbrate mit Pommfritt, aber aach kaa Seniorenportion. Die esse halt gern. Des liescht in de Familie. Ihrn Vadder hat ja aach immer gern gesse.
Kann ich jetz gucke?
Naa, die sinn immer noch net am Ausgang. Des gibts doch net, dass die so lang brauche. Des sinn doch nur drei Meter. Ich seh se net mehr.
Vielleicht sinn se hinne naus.
Ach, gibts da noch en annern Ausgang?
Ja, hinne naus.
Ach, da wern die hinne naus sein. Schad, des hättste sehn müsse!

Die Bedienung kommt mit zwei riesigen Tellern an den Tisch.

So, einmal die Pfefferschnitzelplatte und einmal die Paprikaschnitzelplatte.
Oh, sieht des gut aus! Ach wie schee! Lass dirs schmecke!

Die beiden Damen widmen nun ihre Aufmerksamkeit dem üppigen Mittagessen und haben die schlecht laufende Familie schon nach wenigen Bissen vergessen.

The World of Dating

Amerikanerin

Spät abends in einer kleinen Bar in Lissabon. Eine etwa 40-jährige Amerikanerin unterhält mit schmerzhaft quäkender Stimme eine Runde stummer, geradezu paralysiert wirkender Zuhörer mit Erzählungen aus ihrem Liebesleben. Sie spricht so laut, dass auch alle anderen Barbesucher ihre Geschichte problemlos mitverfolgen können. Die Fado-Sängerin auf der kleinen Bühne hat aufgrund der unerträglichen Dissonanzen mit der amerikanischen Erzählstimme frustriert ihren Auftritt abgebrochen.

(mit weit aufgerissenen Augen) I had four dates. Oh my goood, this was so craaazy. I mean, these guys were craaazy. I experienced a lot about men and about my feelings, you know?
My first date, we met in a shopping mall in a Mexican restaurant. And he went in and I thought: Oh my gooood. This guy is so tall, and I was like: Wow, you're really tall. And he said yeah. And I said, oh my goood, I didn't expect you to be so tall. I mean, this is kinda craaazy. And he said, yeah. And we had dinner and had a good conversaaation. His name was Mike and he worked as an electrical engineer. And I mean, he was really tall. This was scaaaary. Well, we split up, but he

never called again. And I thought, oh my gooood, Samantha, welcome to the world of daaating!

Die Amerikanerin nippt an ihrem Cocktail-Glas.

This was my first date. And I thought, come on, Samantha. This is going to be an enriching expeeeerience. So my next date, his name was Charles. He was from Minnesota. We met in Manhattan in a coffee shop, and we had coffee and cupcaaaakes. And he told me, he was working as a chief accountant. And we had a nice conversaaaation. And then he told me, his sister was a lesbian. You know: a lesbian! And I thought: Oh my goooood, this is so craaaazy. I mean, I didn't expect anything like thaaaaaat. This was so scaaaaary. Well, this was my second date.

Die Amerikanerin nimmt einen großen Schluck aus ihrem Cocktail-Glas.

Then I met a guy, he was sooo cute and haaandsome. We met in an Italian restaurant. He told me he was working as a graphic designer and I said: Oh my gooood, this is kinda craaaazy. I mean, when I went to high school, I had a friend and he is also working as a graphic designer right now. I mean, this is aaaawesome, but he didn't know him. He worked for another company. And then we had dinner and I was like: Wow, this is so romaaantic, you know. And he was the first guy who guessed my age right, oh my goood. I asked him, what do you think about my age, because I didn't tell him my age before. And he said, I think you're forty-three. And

I said: Oh my gooood, this is sooo craaaazy. You're the first one to guess my age right. Because I'm forty-three. I was like woooow. But we never met again. This is so scaaaaary because we had such a nice conversaaaaation. But then he never called me, well. This was date number three.

Die Amerikanerin leert ihr Cocktail-Glas in einem Zug.

And then I met a guy, oh my goooood. His name was Alexaaaander. We met in Central Park to go for a walk. And he told me he was working as a craftsman. And I was like wow, this is so craaaazy. I mean, I have no idea of what a craftsman is doooing. And he said most of the time he works as a carpenter. And I said oh my gooood, I never met a carpenter before in my life. This is amaaaazing. And we went for a walk. And then we stopped at a small bridge and I thought: Samantha, what's going to haaaappen right now. Because he came closer and closer. And I thought oh my goooood. And then he pulled out a knife and I was like screaaaaaming. And he said: Shut up or I'll stab you, shut up or I'll stab you. And I was like oh my goooood, this is so scaaaary. And I ran away. Well, this was my fourth date.
And then I got this invitation to Lisbon. It's such an aaawesome experience to be with you and to spend some days in this city. I mean, it's so craaaazy. Two months ago, I didn't know anything about Lisbon.
I swear I never heard the name befooore. This is such a big chaaance for me to go to Europe. Life is so craaazy!

Senioren im Advent

26

Oswald
Eugenie
Heimleiterin

Es ist ein schöner Brauch, dass Chöre, Kindergärten und Musikschulgruppen in der Adventszeit Altersheime aufsuchen, um die Senioren mit musikalischen Darbietungen zu erfreuen. Auch an diesem Sonntag gegen 15 Uhr wartet eine Gruppe Senioren im Aufenthaltsraum auf den Beginn des Programms. Unter ihnen befinden sich Oswald (83) und Eugenie (91).

Des dauert bestimmt länger als e halb Stund.
Des letzte Mal hats über e Stund gedauert.
Ich würd lieber den Peter-Alexander-Film gucke um viertel nach drei.
Naa, des schaffe mer net. Aber des hier is ja eh schöner als fernsehgucke.
Wer kommtn überhaupt?
En Frauechor, glaub ich. Oder en Kindergartechor?
Ich würd lieber in Ruh mein Kuche esse. Unn dann den Peter-Alexander-Film gucke.
Die gebe sich doch so e Müh. Extra für uns. Es is doch immer schön.
Mer werd da hergekarrt. Mer kann sich ja net wehrn.

Mer werd net emool gefraacht. Unn dann singt de Frauechor. Letzt Woch, des war schlimm.

War ich da debei?

Freilisch, wo die »Oh Tannenbaum« gesunge ham, so schrill. Ich brauch des net.

Es is doch Benefiz. Die gebe sich doch so e Müh für uns.

Benefiz. Wann se nur fortbleibe deede. Jeder denkt, er tut aam was Gutes. Debei mache se aam die letzte Daach zur Hölle.

Also zwinge tut uns kaaner.

Doch. Die wo heut net higehe, zu denne kommt moije de Besuchshund.

Ich find des schön. Mir müsse dankbar sein. Mer hat ja sonst nix. Aber hoffentlich kommt kaaner von de Zeitung unn macht e Foto.

In fünf Minute fängt de Peter-Alexander-Film an: »Münchhausen in Afrika«.

Letzt Woch war doch en Bericht, wie der Behindertenchor da war.

Aja, die wollte aach emool widder in die Zeitung.

Da war en mords Bericht. Unn uff dem Foto hab ich ausgesehe, als wär ich schon dood.

Ich war aach emool im Jugendchor. Mein einzische Ufftritt war im Altersheim. Mir ham »In dulci jubilo« gesunge. Dann bin ich widder ausgetrete.

»Die Senioren sangen mit, soweit es ihnen möglich war«, hat im Bericht gestanne.

Ich würd lieber in Ruh fernsehgucke. Müsse mir heut aach mitsinge? Da liegt so e Blatt. Guck ma, was auf dem Blatt steht!

Ach, des is es Programm von heut. Mit em Liedtext: »Gatatumba – unser Lied soll laut erklingen«.
Des müsse mer dann mitsinge unn uns dran erfreue.
Da steht, heut kommt en Blockflötenkreis, kaan Frauechor. Frauechor is nächst Woch.
Könne die aan net in Ruh lasse ...
Mir müsse froh unn dankbar sein, dass sich aaner um aan kümmert. Des is doch viel schöner als fernsehgucke.
Weißte noch, bei der Frau, wo Harfe gespielt hat, wo de Karl immer zwischenei gekrische hat: »Spielt die schon? Ich hör nix!«
Ich bin froh unn dankbar.
Die hat aber aach leis gespielt.

Die Heimleiterin betritt den Raum.

Leider muss ich Ihnen mitteilen, dass der heutige Vortrag des Blockflöten-Quartetts »Flötonia« aufgrund der kurzfristigen Erkrankung der Sopran-Flötistin ausfallen muss.
(Oswald leise) Halleluja.
(Eugenie nach kurzem Zögern) Wann fängt der Peter-Alexander-Film an?
In zwei Minute. Schieb mir emool mein Gehwaache nüwwer. Des schaffe mer noch!

Oswald und Eugenie erreichen pünktlich zu Beginn des Films »Münchhausen in Afrika« Oswalds Zimmer. Es wurde ein vergnüglicher Nachmittag.

So viele Ludwigs in Versailles

27

Dame
Friseurin

Eine betagte Dame wird gerade frisiert und erzählt der Friseurin mit lauter Stimme von einer kürzlich absolvierten Busreise nach Paris.

Unn am zwodde Tag warn mer ja in Versailles. Des war aach schee! Mir hatte so e Führung durchs Schloss. Des war intressant. Wenn da Kinner geborn worn sinn im Zimmer von de Königin, da ham hunnertfünfzisch Leut zugeguckt. Des hab ich net gewusst. Des war e Event! Wie wenn bei uns heut RTL die Hochzeite überträgt. Unn die hatte all Läus unn Flöh. Die ham ja nur zwoomal im Jahr geduscht. Unn des war so e Hitz da drin. Ich konnt denne Ausführunge gar net folge, des warn ja so viele Ludwigs. Ich wusst gar net mehr, von was fürm Ludwig sie jetz babbelt. Es warn drei Ludwigs. Unn am Unwichtigste war, glaub ich, de erste Ludwig. De zwodde, des war aaner, von dem kennt mer nur die Mätresse, die Madame Pompadour. Unn von dem dritte Ludwig waaß ich nur noch, dasse den dann geköpft ham.
Guck ma, an de Seite lasse mers widder e bissje länger, gell? Oder soll des noch ab?

Naa, schneids ab. Schneids ab. Unn da sinn fast gar kaa Bänk in dem Versailles. Mein Buckel hat so wehgetan nach der Busfahrt, gar kaa Sitzgelegenheiten im Schloss. Des is nix fer alte Leut. Unn wenn ma wo e Bänksche war, durft mer sich net druffsetze, weil des ja so alt war. Bei de Revolution ham die fast alle Möbel nausgeschafft unn verkaaft, hat unser Reiseleiterin gesagt. Obwohl de König noch gar net tot war. Wie bei de Mechthild. Die is aach noch net tot, aber die Kinner räume schon die Wohnung aus unn tuns beim Ebay versteischern.

Ja, des is en Skandal.

Unn plötzlich ham all um mich rum russisch gebabbelt. Da hatt ich mei Gruppe verlorn! Des war en Schreck. Ich war kurzzeitig abgetrennt. Wie bei denne Gnus, wenn se von de Herde abgetrennt wern von de Löwe, weißte? Von hinne die Russe, die sinn immer gleich nachgerückt. Aber dann hab ich zum Glück mei Gruppe widder gefunne. Unn dann hat die russische Reiseleiterin unser Reiseleiterin angekrische, dass mir zu lang vor de Bilder stehn würde.

Was? Oh Jesses ...

Aja, die Russe warn aach unner Druck. Weil hinner denne sinn gleich die Chinese komme. Ach ja, es warn schon Strabazze. Unn dann, wie mer widder drauße warn ausm Schloss, is en Japaner zu mir komme unn hat gesacht: »Piktscher, Piktscher!« Der wollt geknipst wern. Ich habs erst gar net kapiert. Ich hab gedacht, die Japaner knipse doch immer selber. Aber der wollt geknipst wern. Unn da hab ich ihn dann geknipst.

Ja, da erlebt mer was uff so ner Busreise, gell. So, ich fön dich dann ma.
Unn viel zu wenig Klos ham se da, für zehn Millione Touriste vielleicht sechs Klos. Wie die letzte von uns fertisch warn, ham die erste schon widder aufs Klo gemüsst. Ja, so war des in Versailles. Unn weißte, was noch passiert is? Was ganz Unheimliches, am nächste Abend am Eiffelturm …

In diesem Moment schaltet die Friseurin den Fön ein, sodass im Getöse und Gebrause leider nicht mehr zu verstehen ist, was am nächsten Abend am Eiffelturm dann noch Unheimliches passiert ist.

Die Rettung der Welt

28

Doris
Ulla

Doris trifft ihre Nachbarin Ulla beim Einkaufen auf dem Supermarktparkplatz.

Du, Ulla, ich glaub, gestern hab ich dei Enkelin gesehn, die Anastasia-Cheyenne. Die war in de Zeitung abgebild, da hat se geesches Klima demonstriert. Kann des sein?
(stolz) **Ja, ja, die Cheyenne is da ganz engagiert.**
Siehste! Hätt ich jetz gar net gedacht!
Wieso net?
Weil du mir immer erzählst, die wär so en Problemfall. Dass die sich für nix intressiert außer ihrne Fingernäschel unn dem neueste Handy.
Naa, die hat sich mords entwickelt. Die macht sich wirklich Gedanke um de Klimawandel. Im Instagram hat se sogar so en eigene Channel, oder wie des heißt, eingericht, wo se Fotos von de Klima-Demos postet.
Ach siehste, toll. Was e Engagement!
Ich hab ihr letzt Woch extra des neueste iPhone gekauft.
E iPhone?
Was will ich mache, des hatt se sich gewünscht. Sie hat gesagt, des würd so tolle Fotos mache. Unn je bessere

Fotos sie da neistellt ins Instagram, desto mehr Follower kriegt se, wo aach geesche de Klimawandel kämpfe.
Ach so, dass sich des weiter verbreitet. Aja gut, des muss mer unnerstütze, Ulla!
Zum Geburtstag hatt ich ihr schon so weiße Turnschuh kaaft. Naja, ihr alte warn net mehr ganz so schee. Die hat einmal im Reesche gestanne beim Demonstriern. Zweihunnert Euro des Paar Schuh. Es geht halt ins Geld, de Kampf geesche de Klimawandel.
Ja, aber es is ja sinnvoll investiert, Ulla! Mer darf net an de falsche Stelle sparn. Wenn die sich emal so konsequent für was einsetzt, des muss mer doch belohne!
Ja, ja ... Nur bei de Abschlussfahrt, da hab ich gedacht, jetz isse e bissje inkonsequent. Da sinn se nach Prag gefloge.
Eieiei, des ganze CO_2!
Aber: Dadefür ham se dort vor Ort en CO_2-Ausgleich gemacht. In Prag sinn se nämlich nur Fahrrad gefahrn. Da hat se mir Fotos geschickt, von so em mords Spezialrad, wo zehn Leut dran sitze, so e Beer Bike.
Ach, die Beer Bikes, wo mer durch die Stadt fährt unn Bier trinkt.
Daheim fährt die nie Rad! Die hasst fahrradfahrn. Des hat die bestimmt nur gemacht, um den Flug auszugleiche. Bin ich mir ganz sicher.
Also dass die Anastasia-Cheyenne noch ma so e Aktivistin wird, hätt ich net gedacht! Respekt! So engagierte junge Leut müssts noch viel mehr gewwe!
(seufzt) Ja ... Wenn alle so wärn ... Wär die Welt vielleicht doch noch zu rette.

Opas Befragung

29

Doris
Alfred
Opa

Doris und Alfred haben Alfreds Vater anlässlich seines 88. Geburtstags zu Kaffee und Kuchen zu sich eingeladen. Da Vater und Sohn wortkarge Gesellen sind, bleibt das Führen des Tischgesprächs Doris überlassen.

Ja, jetz solls ja widder kälter wern, ham se gesagt. Naja, mer muss es nemme, wie es kommt, gell? Ostwind is immer unangenehm.

Opa seufzt nach längerem Schweigen.

Ja, ja, so is des.
(Doris zischt.) Alfred, jetz red doch ma was mit deim Vater! Ich muss widder ganz alleins des Gespräch bestreite!
Der hört doch eh nix mehr.
Freilich hört der!
Was soll ich dann saache?
Fraach ihn halt ma was! Jetz isser ma da! Ihr seht euch doch sonst nie! Ihr habt doch so viele ungeklärte Sache in eurer Familie! Wenn er tot is, kannste ihn nix mehr fraache!

Ach, was soll ich dann da fraache?
Hol halt des Album unn zeig ihm Fotos von früher! Da sinn doch so viel Leut druff, wo keiner weiß, wer des genau is.
Der hat sei Brill net mit, der sieht eh nix.

Opa deutet auf eine Katze, die elegant am Esstisch vorüber-gleitet.

E Katz!
Ja, ja, des is unser Katz.
Seit wann habt ihr dann e Katz?
Seit em halbe Jahr. Schee isse, gell? Aus em Tierheim.

Doris tritt ihren Mann unter dem Tisch.

Alfred, sag doch auch ma was!
Ähm ... Mir hatte doch auch ma e Katz, oder?
Was?
Du musst lauter babbele, der hört doch nix!
Mir hatte doch früher auch ma e Katz, oder Vadder?
Ja, ja.
Oder wars en Dackel?
Ja, ja.
Erst e Katz unn dann en Dackel, oder?
Ja, ja.
Die sinn all überfahrn worn, oder?
Ja, ja.
Was sinn dann des für Gespräche? Seid lieber doch widder ruhig!
(Opa seufzt tief auf.) Ja, ja, so is des.

Beim Optiker

30

Frau
Mann
Mitarbeiterin
Mitarbeiter

In einem weitläufigen Optiker-Geschäft herrscht Hochbetrieb. Ein betagtes Ehepaar, das sich schon geraume Zeit dort aufhält, wird von einer Mitarbeiterin zu einem Wartebereich geführt und nimmt auf zwei Stühlen Platz. Der Mann trägt einen dunkelgrünen Wanderhut mit Ansteckern und Gamsbart-Applikation sowie eine knisternde Regenjacke. Zu den Füßen des Paares liegt ein alter, geduldiger Hund.

(Die Frau stöhnt.) Ach je, ach je, des dauert ...
(Der Mann sehr entschlossen und laut) **Egal! Heut wirds dorschgezooche!**
Wer weiß, wie lang du jetz noch warte musst. Wolle mer wann anners noch ma komme?
Heut wirds dorschgezooche!
(Die Frau zum Hund) Gell, Bobby, du bist aach müd?
Jetz muss ich ja nur noch de Sehtest mache. Des Gestell ham mer ja schon ausgesucht.
Bobby, bald ham mers geschafft. Bald gehn mer heim.

Eine Mitarbeiterin kommt hinzu.

So, Sie warten auf den Sehtest?

Der Mann schnellt in die Höhe.

Jawoll! Sehtest!
Ich wollt nur sagen, en kleinen Moment dauerts noch.

Der Mann setzt sich wieder.

Jawoll!
(Die Frau nach längerem Schweigen) Meinste, des wird heut noch was? Guck ma, was da fürn Betrieb is. Wer weiß, wann du drankommst.
Jetz sin mer doo. Jetz wirds dorschgezooche!

Ein anderer Mitarbeiter kommt.

So, Sie sinn dann der Nächste für den Sehtest, ja?

Der Mann schnellt in die Höhe.

Jawoll! Jetz aber!
Wir machen erst mal die Vormessung. Setzen Sie sich mal hier hin an das Gerät und schauen Sie da durch. Das Kinn aufstützen, ja, so ist gut.

Der Mann blickt ins Messgerät.

Is des jetz de Sehtest?
Das ist jetzt nur die Vormessung. Der Sehtest ist in dem andern Raum. Der ist noch besetzt. Noch mal stillhalten bitte ... So, das wars schon. Sie dürfen noch mal kurz Platz nehmen.

Der Mann setzt sich wieder zu Frau und Hund.

So! Des war die Vormessung! Widder e Etappe geschafft!
Mir müsse zum Auto, unser Parkscheibe läuft ab. Mir dürfe da doch nur zwoo Stunde parke!
Jetz fehlt nur noch de Sehtest!
De Bobby soll hier aach net länger rumliesche. Wenn er so lang am selbe Platz liescht, kommt er doch net mehr uff. Bobby, net einschlafe!

Der Mann hält seine Brille gegen das Licht.

Die is überhaupt net verkratzt! Wieso sagt die Frau vorhin, mei Brill wär verbabbt unn verkratzt?
Sei doch froh, dass se dir die Brill sauber gemacht ham.
Die war überhaupt net dreckisch.
(Die Frau ächzt.) Ich kann net mehr sitze.
Ich habs fast geschafft! Nur noch de Sehtest!
Dann geh ich mim Bobby schon ma zum Auto unn dreh die Parkscheibe weiter. Mir dürfe doch da nur zwoo Stund stehn.
Ja! Ich wart! Gleich komm ich dran! Bestimmt komm ich gleich dran!
Bobby, komm, mir gehn zum Auto. Oh Jesses, er kommt kaum uff. Bobby, hopp!

Der Mann bleibt alleine zurück, von Mitarbeitern und weiteren Kunden umwuselt.

Heut wirds dorschgezooche! Nur noch de Sehtest! Gleich ham mers geschafft ... Heut wirds dorschgezooche!

Ungewöhnliche Tierfreundschaften

31

Oma
Sonja

Sonja (23) ist zu Besuch bei ihrer Oma.

Ach Sonja, gut, dass de da bist. Könntst du mit deim Handy e Foto für mich mache? Ich will des an die Zeitung schicke. Da kann mer fünfzisch Euro gewinne.
Aha, unn was soll ich fotografiern?

Die Oma schlägt die Zeitung auf.

Guck, die ham immer so e Rubrik »Ungewöhnliche Tierfreundschaften«. Da könne die Leser Fotos einschicken.
Och is ja süß: »Jack-Russell-Terrier Waldemar und Eichhörnchen Charlie kuscheln auf dem Sofa. Seit Charlie halbverhungert auf der Terrasse saß, weichen die beiden ungleichen Freunde nicht mehr voneinander.«
Ja, ja, so Zeusch wird da vorgestellt. »Ungewöhnliche Tierfreundschaften.« Also Tiere, wo normal net zusammepasse, wo sich aber gut verstehe. Letzt Woch war e Rehkitz abgebild, wo mit vier Perserkatze zusamme uffwächst.
Des is auch goldisch: »Bobtailhürdin Sheila kümmert sich rührend um die einbeinige Krähe Abraxas, die ihr Bein in einem Maschendrahtzaun verlor.«

Ja, also kannst du für mich auch so e Foto mache? Ich krieg fünfzisch Euro, wenn des veröffentlicht wird. Ich hab doch nur so e kleine Rente.
Aber Oma, du hast doch gar keine Haustiere.
Aber im Garte hab ich Tiere! Ich hab dir doch erzählt, dass ich mühsam den Igel angefüttert hab mit Obst unn Würmer. Sogar e Igelhaus hab ich em kaaft im Baumarkt.
Ach so, ja. Wo du wolltst, dass er bei dir im Garten bleibt unn die Nacktschnecken frisst.
Ja, von weesche, nix macht der! Abends sitze die Schnecke unn de Igel all zusamme hinne im Gemüsebeet. Die Schnecke fresse mei Salatköpp unn der Igel guckt zu!
Und was soll ich jetz fotografiern?
Den Igel, wie er da friedlich hockt mit de ganze Nacktschnecke! Des is doch auch e ungewöhnliche Tierfreundschaft.
Aja, wenn de meinst. Vielleicht wirds ja wirklich gedruckt und du kriegst fünfzig Euro.
(Oma mit Freude) Unn von dem Geld kauf ich dann en riesische Sack Schneckekorn! Dann is Ruh!
Oma, wie grausam! Des kannste net mache!
Genau so wirds gemacht. Irschendwann hört die Freundschaft uff!

Gut ausgeschildert

32

Oma
Tochter
Sohn
Onkel
Tante
Bedienung

An Weihnachten hat die Familie zum Abendessen einen Tisch im Restaurant reserviert. Außer den Familienmitgliedern sind noch keine anderen Gäste anwesend. Die Oma beäugt die weiteren, festlich geschmückten Tische, auf denen inmitten der Weihnachtsdekoration jeweils eine große schwarze Schiefertafel steht.

(Die Oma nickt.) Alle Tische sinn reserviert!
Aja, es is Weihnachte, da is viel Betrieb.
Neewer uns kommt die Familie Elster. Um neunzehn Uhr dreißisch.
Hm? Woher weißt du des?
Aja, da steht e Schild uff em Tisch. So e mords Schiefertafel mim Name druff von dem, wo reserviert hat. Sehr schön. Des kann mer wenigstens gut lese.
Mudder, guck doch net so auffällig.
Also isch nemm des Festtagsschnitzel!
Isch aach. Kann mer nix falsch mache.

Die Oma reckt ihren Hals, um die Aufschriften auf weiteren Reservierungstafeln lesen zu können. Währenddessen steht die Tante auf und geht zur Toilette.

Nebedran der Tisch ist reserviert für die Familie Brehm. Unn der kleine Ecktisch is für die Familie Gerlach. Da sinn nur drei Plätz. Des werd e kleine Familie sein. Siehste, intressant!
Datenschutz is des ja net hier.
Die ham alles gut ausgeschildert. Des muss mer saache.
Mudder, guck lieber ma in die Karte, dass mer bestelle könne!
Nebedran is reserviert für die Familie Fröhlich. Des is vielleicht die alt Frau Fröhlich, von meine Kosmetikerin die Mutter. Die lädt bestimmt ihr Kinner unn Enkel ein. Die is Millionärin, der gehört e ganze Straße.
Was?
Ja, wie im Monopoly. Ach guckt ma, da komme Leut zur Tür rein. Die gehn zum Brehmtisch. Des is bestimmt die Familie Brehm.
Mutter, net so laut!
Aber der Tisch is für zehn Leut. Unn des sinn jetz nur fünf!
Vielleicht komme noch welche nach?
Dass die Brehms in verschiedene Autos komme? Des könnt sein. Oder die, die jetz da sinn, sinn zu früh. Jetz is viertel nach sieben. Bestimmt ham die den Tisch erst ab halb acht. Wer bestellt denn en Tisch für viertel nach sieben?

Die Tante kommt von der Toilette zurück.

Oje, des Klo is ja so weit weg, da brauch mer e Navi!
Des stimmt. Aber sonst is es e gute Wirtschaft.
Jetz komme noch drei Leut! Des is bestimmt die Familie Gerlach. Ma gucke, ob die zu dem kleine Ecktisch gehn ... Naa, die gehn zum Brehmtisch. Des wird de Rest von de Brehms sein.

Die Bedienung kommt an den Tisch.

Möchten Sie schon bestellen?
Ja, gerne.
Unser Schild könne Se wegstelle!
Die Reservierungstafel?
Ja, tun Se die weg! Es brauch ja net jeder wisse, wie mir heiße!

Es zieht quer

33

Mitarbeiter eines Gefriergutdienstes
Herr K.

Herr K. hat sich Gefriergut ins Haus liefern lassen. Nach geleisteter Unterschrift steht er mit gefrorenem Fisch, Hirschbraten und Speiseeis in der Hand in der Eingangstür. Der mehrfach initiierte Abschied vom Firmenmitarbeiter misslingt, da dieser im Vorgarten stehen geblieben ist, in den Himmel schaut und Einschätzungen der Wetterlage vornimmt.

Also wie gesacht, ich glaub net, dass heut noch was runner kommt, da brauche Se sich kei Gedanke zu mache. De Kolleesch hat vorhin gesacht: Bass uff, heut kommt noch en Duscher. Aber ich maan, des hat sich ausgereeschent. Aber mer waaß es nie, ma gucke, nä? Hoffe mers Beste!
Ja, ja, ma gucke. Also dann ...
Des zieht quer, eindeutisch, des zieht quer. Gucke Se, da hinne is ganz schwarz. Sehn Se die Wolke? Kohlschwarz. Da denkt mer, jeden Moment gehts los. Aber des zieht seitlich dorsch, da kommt heut nix mehr runner. Naja, hat ja aach genuuch gereeschent. Hier hats ja letzt Nacht aach ganz schee runnergetratscht, gell? Ich sehs grad an de Reeschentonne. Bei uns war gar nix

gestern, da steckste net drin. So is des, in Bessebach kanns reeschne, unn in Haibach scheint die Sonn.
Hm, ja, so is des.
Neulich desselbe. Fahr ich durch Goldbach, is schönstes Wetter. Kaum bin ich in Hösbach, tratschts runner! Naja, wie gesacht, ich glaab net, dass heut noch was runner kommt. Da vorn kommt aach schon widder die Sonn dorsch. Wobei, die is aach ruckzuck widder weg. Da kann mer sich täusche. Neulich fahr ich durch Schweinheim, is die schönst Sonn. Unn kaum bin ich uff de Mainbrücke, muss ichs Licht einschalte!
Naja, ma gucke. Also dann …
Gestern hab ich ja ma korz gedacht, des reeschent sich ei! Aber dann hats aach schon widder uffgehört. Da hinne, die Wolke, des sieht mer schon, des zieht quer. Des reeschent sich dann erst im Spessart ab. Ich deed saache, noch hinner Lohr. Aber steckt mer net drin. Neulich fahr ich durch Frohnhofe: Hagelschauer. Unn am Kreisel nach Sailauf widder die schönst Sonn! Des kommt alles aach vom Klima. Aber naja, fern Garte isses ja gut, wenns ma reeschent.
Ja, ja.
Neulich fahr ich durch Dettinge: Wolkebruch. Hab ich gedacht, jetz geht die Welt unner. Komm ich nach Kahl, is die ganz Straaß trocke. Also wie gesacht, net beunruhische lasse von de Wolke. Des hat sich ausgereeschent. Ich maan, des zieht quer. Des zieht seitlich owwedrüwwer vorbei. Da kommt heut nix mehr runner!

Nach weiteren Ausführungen zum Thema Regenwahrscheinlichkeit verabschiedet man sich. Herr K. geht nach drinnen und räumt das Gefriergut in die Kühltruhe. Entweder, so überlegt er, ist der Zeitdruck im Berufsfeld der Gefriergutlieferanten bei Weitem nicht so hoch wie beispielsweise in dem der Paketzusteller und dem Mann war schlicht langweilig. Oder aber er interessiert sich tatsächlich seit seiner Kindheit für nichts anderes als für Wetterprognosen, hat aber aufgrund sozialer Ungerechtigkeit beziehungsweise diverser Schicksalsschläge sein Meteorologiestudium abbrechen müssen und arbeitet seitdem als Gefriergutausfahrer. Nachdenklich schließt Herr K. die Kühltruhe. Draußen gehen die ersten Tropfen nieder.

Friedwald

Dame 1
Dame 2

Zwei befreundete ältere Damen treffen sich zum Nordic Walking im Stadtpark und unterhalten sich dabei über die weitere Tages- und Lebensplanung.

Was machste heut noch so?
Ach, ich wollt ma widder mei Tante Frieda besuche.
Ich mach dann Schinkeröllchen fürs Abendesse.
Ach ja, des ess ich aach gern. Manchma hab ich so e Verlange nach Schinke. Aber oft ess ich einfach gern nur e großes Butterbrot mit Salz.
Dei Tante Frieda willst du besuche? Is die net letzt Jahr beerdigt worn?
Aja, uffem Friedhof besuch ich se. E bissje häckele unn gieße. Sonst guckt ja kaaner. Die hat drei Söhne, unn kaaner kümmert sich ums Grab!
Ja, ja. So is des, wenn mer Kinner hat. Naja, ich darf nix sage. Ich hab des Grab von meine Eltern schon vor fünf Jahrn einebne lasse. De Helmut unn ich, mir gehn dann in die Wand. Des is am praktischste. Hat kaaner Arbeit demit.
Ihr geht in die Urnewand?
Aja, ich denk schon. In die Wand oder in de Friedwald.

Des find ich ja aach schee, wenn mer da in de Natur unner em Baum liegt. Wobei des aach gefährlich is. Komm, mir mache noch e Runde um de See, was meinste?

Ja, von mir aus. Was is dann am Friedwald gefährlich?

De Schorsch is uff de Beerdigung von seim Schwager im Friedwald über e Wurzel gestürzt. So schwer, dass en Rettungshubschrauber komme musst. Der wär selber fast als nächster da beerdigt worn!

Eieiei. Es geht schneller, wie mer denkt. Furchtbar. Jetz muss mer sich schon Gedanke mache, wie mer beerdigt wern will.

Mer darfs net verdränge! Mer muss sich rechtzeitig en Platz in de Wand reserviern. Die is ja sonst ausgebucht. Fast jeder, wo ich kenn, will in die Wand.

Ich net. Ich hab doch Platzangst!

Dann geh in de Friedwald unn such dir schon ma en Baum aus!

Naa. Ich will dadevon jetz nix mehr hörn. Mir sinn doch noch fit!

Geht schneller, wie mer denkt. Haste selbst gesagt.

Ich bin noch fit. Nordic Walking wirkt lebensverlängernd. Des hat neulich widder in de Apothekenumschau gestanne.

Ich sag nur, mer muss rechtzeitig reserviern.

Jetz hör uff dademit. Mir babbeln nächst Jahr noch ma über des Thema. Jetz net mehr.

Is gut. Hast ja Recht. Mer soll ich am Lebe erfreue, solang ...

Während sie spricht, stolpert die Dame über eine Wurzel. Nur mit Mühe kann sie einen Sturz verhindern.

Bass uff!!

Hoppala!

Is was passiert?

Naa, alles gut. Eieiei, jetz wär ich fast gestürzt. Wie de Schorsch im Friedwald!

Ja ... Ach je ... Geht alles schneller, wie mer denkt ...

Der Zwölf-Uhr-Dorsch

35

Mann
Angler

Ein Angler sitzt eines nebligen Tages an einem überwucherten Flussufer. Plötzlich knackt es im Unterholz und ein Mann, offenbar ein Wanderer, tritt auf ihn zu.

Hoppla, da hockt ja aaner! Guten Tach!
Jetz ham Se mich awwer erschreckt! Da dabbt sonst nie aaner dorsch!
Ich hab grad net mehr so richtig de Dorschblick, wo ich bin. Bei dem ganze Newwel, hab ich gedacht, dabbste am Fluss entlang. Da kommt mer immer irschendwo raus, nä?
Ja, aber wie sin dann Sie doo hinne dorschkomme? Da steht doch extra e Schild, »Dorschgang verbote!«.
Hab ich net gesehe, de Newwel ...
Des hatt ich extra dorschgefochte. Dass die da e Schild hinmache, dass da net jeder dorschdabbt! Des war net leicht dorschzusetze bei de Gemeinde.
Ich bin ja gleich widder fort. Ich muss mich beweesche. Ich bin völlisch dorschgefrorn. Konnt ich ja net wisse, dass mer da net dorsch derf.

Der Mann wendet sich zum Gehen.

Ham Sie zufällisch e Uhr an?

E Uhr? Ja.

Is schon zwölf Uhr dorsch?

Es is viertel nach zwölf, ja.

Mist. Da hätt er schon längst da sein müsse.

Warte Sie uff jemand?

Uff de Zwölf-Uhr-Dorsch.

Zwölf Uhr is dorsch. Ja, zwölf Uhr seschzehn ham mer jetz.

Zwölf Uhr seschzehn? Da müsster eischentlich längst dorsch sei.

Wer?

De Zwölf-Uhr-Dorsch!

De Zwölf-Uhr-Dorsch?

Jeden Mittaach um zwölf Uhr kommt de Zwölf-Uhr-Dorsch. Des is denne ihr Zeit, da kannste die Uhr denaach stelle. Deshalb heißt er ja Zwölf-Uhr-Dorsch.

Hab ich noch nie gehört von dem Fisch. Dorsche, die wohne doch im Meer!

Is en spezielle Dorsch. En Süßwasserdorsch. Die wandern jetz grad in ihr Laichgebiete.

Unn den wolle Sie angele?

Angele! Angele! So leicht fängt mer de Zwölf-Uhr-Dorsch net! Da kannste net mit normale Hake komme. Des sinn dorschtriebene Viecher! E normale Angelschnur beiße die grad so dorsch. Ich hab da so e spezielle Apparatur im Wasser hänge. Gucke Se, da unne, der schwarze Kaste. Sobald en Zwölf-Uhr-Dorsch dorsch die Lichtschranke dorschmecht, erhitzt der Kaste des Wasser im Umkreis von zwei Kubikmeter

kurzzeitisch uff achtundneunzisch Grad. Des is en sogenannte Dorschlauferhitzer.
Was es alles gibt.
Mer muss sich mit alle Tricks dorschworschtele bei denne Viecher. Äwwer ich waaß net, warum er heut net kommt. Der müsst schon längst dorsch sei.
Naja, ich muss dann ma widder weiter. Petri Heil, nä?
Ja, ja.

Der Wanderer stapft davon.

Was en Simpel! Dabbt da dorsch. Wie kann mer dann des Schild net sehe ... Bestimmt hat der mit seim Getrampel mein Zwölf-Uhr-Dorsch verscheucht. Viertel nach zwölf, der müsst schon längst dorsch sei. Könnt ich grad dorschdrehe ... Könnt ich grad dorschdrehe ...

Während sich der Wandersmann dorschs Dickicht schlägt und der Angler weiter vor sich hingrummelt, schlängelt sich – ein akademisches Viertelstündchen zu spät – der dorschtriebene Zwölf-Uhr-Dorsch heimlich und geschickt am todbringenden Dorschlauferhitzer vorbei.
Der Angler packt schließlich schimpfend seine Sachen zusammen. Zu allem Frust über den verpatzten Fischfang plagt ihn nämlich nun zu allem Überfluss auch noch ein fürchterlicher Dorscht.

Work and Travel

36

Dame 1
Dame 2

Zwei Damen sitzen in einem Café und unterhalten sich über die Zukunftspläne ihrer Enkel, deren schulische Laufbahn sich gerade dem Ende zuneigt.

(Dame 1 seufzend) Die Melinda hat jetz aach Abitur. Die fliegt nächsten Monat nach Neuseeland.
Was? Was will se dann doo?
Work and Travel! Uff so ner Schafsfarm will se schaffe. E halbes Jahr lang! Waaßt du, was des kost? Ich saach ja nix, aber ich muss es natürlich widder mitfinanziern!
Schafsfarm in Neuseeland, wie kommt se dann uff so Ideje? Da kriegt mer doch nur Hautkrebs, da unne.
Ich kann mir net vorstelle, wie die Melinda da die Schääf schert. Die hat doch noch nie was mit de Händ geschafft!
Aja, nach de Lernerei will se anscheinend ma was Praktisches mache.
Die hat noch nie was geschafft! Die kann net ma ihr Zimmer aufräume! Aber dann nach Neuseeland und die Schääf schern wolle.
Unn de Linus, dein annern Enkel. Is der jetz net aach mit de Schul fertisch?

Ja, hör uff, der is in Afrika. Auch Work and Travel! Drei Monat lang! Was des kost!
Was macht er dann doo?
Brunne bohrn!
Brunne bohrn?
Ja! Statt dass er ma seim Vadder hilft, des Hochbeet zu repariern. Des is doch komplett zammegesackt bei dem Starkreesche neulich. Aber naa, er muss nach Afrika, Brunne bohrn!
Verdient er da Geld debei?
Im Geescheteil, was des kost! So üppisch is mei Rente net, dass ich dodevon noch Brunnebohrunge unn Schafsfarme finanziern kann! Aber die Elsbeth hats noch schlimmer getroffe.
Hat die aach so teure Enkel?
Die hat doch die Zwillingsmädchen. Die ham jetz beide Abitur gemacht. Unn jetz sinn se e komplettes Jahr lang in Chile. So als freiwilllige ökologische Leut. Da tun se die Strände vom Müll befreie. Dass die Pinguine unn Schildkröte net am Plastik ersticke.
Die Pinguine, ja, siehste.
Die Elsbeth sagt, so lang die noch daheim gewohnt ham, die ham net e einzisches Mal en Gelbe Sack zusammegebunne. Oder ma die Restmülltonne nausgestellt. Aber jetz spiele se die Müllpolizei in Chile. Die Elsbeth bezahlt die komplette Unterkunft in em Öko-Hostel!
Ach, da lob ich mir ja mein Kevin. Nach de Realschul wollt der ja aach unbedingt ins Ausland. Er war dann e paar Woche in Mallorca.

Aach Work and Travel?

Naa, die warn im Bierkönig. Ach, des hat dem gefalle. Unn ich musst kaum Geld zuschieße. Ich glaub, ich hatt ihm nur fünfzisch Euro mitgewwe. Er hat gesagt, Oma, mehr brauch ich net. Mir gehn immer morgens in die Bier-Happy-Hour, da isses Bier kostenlos. Unn dann leesche mer uns an de Strand unn nüchtern uns aus, bis die Sangria-Happy-Hour anfängt.

Also, da kannste froh sein, dass du so en vernünftige Enkel hast! Unn ich darf die selbsternannte Schafszüchter unn Brunnebauer finanziern!

Ja, mein Kevin ... Da hab ich wirklich Glück gehabt.

Ich will dich net uffhalte

37

Nachbar

Eine etwa 25-jährige Frau verlässt ihre Wohnung und geht zu ihrem Auto. Als sie einsteigen will, nähert sich fröhlich winkend ihr 86-jähriger Nachbar.

Ach gut, dass ich dich seh. Wart emal kurz, ich will dich net uffhalte. Was ich nur kurz sage wollt. Weesche dem Äppelbrei, wo ich dir gebracht hatt. Die Äppel sinn aus meim Garten, die sinn net gespritzt. Haste schon gegesse? Noch net, musste ma probiern. Ewig halte die sich net, die sin von meim beste Baum. Ich geb dem Hartmut aach immer Äppel. Der sagt aach, Karl, dei Äppel sinn die beste, wo es gibt. Obwohl, dem geb ich ja nur die vom annern Baum. Gell, du willst fort, haste en Termin. Ja, die junge Leut, du darfst net so viel schaffe. Ich sag dirs aus Erfahrung, du schaffst zu viel. Ich seh dich als durchs Fenster, wenn ich mei Runde dreh. Net dass ich extra neiguck, gell. Net jetz denke, ich würd dich beobachte. Ich mach mein Rundgang, was will ich aach sonst noch. Unn jedenfalls denk ich, da sitzt die schon widder an ihrm Gerät. Die schafft zu viel. Des is net gut. Jedenfalls, de Hartmut, kennste, dem wo ich die Äppel vom annern Baum geb. Du hast ja de Äppelbrei, des sinn die bessere Äppel, de Hartmut, des is der von vis-à-vis, neben dem Heilpraktiker, weißte, der hat mich ja neunzehnhunnertneununnsiebzisch, da is des bei mir entdeckt worn. Unn der Hans-Werner hatt ja des gleiche. Aber bei dem wars zu spät. Unn wie ich uff Kur komme bin, hab ich gesagt, ich will nach Bad Kissingen, weil in Bad Orb war ich so oft. Wie mei Cousine da war, die war ja aus Dings, wie heißt der Ort, en Ortsteil von, naja, egal, ich will dich net langweile, nur des noch, die war ja mit dem Bruno verwandt, wo da unne, neben dem Schnapsbrenner, wo de Metzger war. Aber net de jetzische Metzger, de Vorgänger-Metzger, des war neunzehnhunnertneunundseschzisch im Wahlkampf, da hat der mir en Kessel mitgewwe. Ich hätt en ja net annehme dürfe, hab ich en seim Bruder gebracht. Aber der hat en nie zurückgewwe. Unn der Kessel war dann zehn Jahr lang im Hof gestanne beim Ludwig geeschenüwwer. Der hatt dann Schlundkrebs unn sein Sohn hat sich uffgehängt mit vierundfünfzisch Jahrn im Flörsbachtal. Aber der Presssack von unserm Metzger war schon immer zu fett. Unn dem sein Cousin war ja der, der hat sich auch uffgehängt. Unn die Polizei hat dann gesagt, der hatt des Seil genau vermesse, dass er mit de Füß net an de Boden kommt. Kein Abschiedsbrief. Ja, die Äppel wern jetz immer säuerlicher. Aber die sinn gut. Haste schon ma probiert vom Äppelbrei, von meim beste Baum? Des is e arme Frau, weißte, die neewerm Hartmut, des kleine Haus, hinne neigebaut, an de Rückseite vom Heilpraktiker. Was die alles durchgemacht hat. Die hat Musikantenstadl geguckt unn ihr Mann is mim

Taxi nach Laufach gefahrn. Der hatt des Taxi, wo jetz der Anton mit fährt, der stammt von da unne, der is verwandt mim Benno, kennste, der hatt die ganze Plakate uffgehängt geesche den Mobilfunkmast. Des war ja der, wo den Wahlbetrug im Gemeinderat, mit der Sau, wo der Unnerdorf-Bauer die Sau an die Gemeinderät verschenkt hat, dem sein Vater hat des ja uffgedeckt. Unn der Graf Schönborn, der hatt ja in de achtzischer Jahrn, wie des mit der Flurbereinigung, des warn Quadratmeterpreise, also, wo mer heut sagt. Was wollt ich jetz sage. Also der is mim Taxi nach Laufach gefahrn an die Bahnschiene, alle Klamotte ausgezoge unn zusammegefaltet, uff die Bahnschiene gelegt, kein Abschiedsbrief. Unn gestern is mir ja was passiert, da hab ich aach gedacht, so was is mir ja noch nie passiert. Ich hab Pudding gemacht, unn mei Schüsselchen, wo der Zucker drin is, ich kann mich ja noch selbst verpflege, so isses net, ich hab e Putzfrau, die is von Goldbach, unn weil des Schüsselchen kaputt war, hab ich e anneres genomme, unn bin dann da nei, mit em Löffelche, da war noch Salz dran. Also des End von de Geschicht, ich hab den Pudding in de Müll, da liegt er gut. Wie gesagt, ich will dich net uffhalte, ich weiß, du hast kaa Zeit. Ich hatt ja so oft angeruffe, du gehst ja net dran. Ich hol jetz de Hieronymus ab, mir fahrn zum Ulrich, mir sinn zu viert, drei Fraue unn drei Männer. Mir könnte uns grad so zammetun, aber Fraue, weißte, ich hab kein Interesse mehr. De Ulrich aach net, Alzheimer, seit acht Jahrn im Bett. Also ich wollts dir nur anbiete, falls du ma e Wohnung brauchst. Also

falls dein, ihr kommt ja gut mitenanner aus, denk ich ma, mer weiß es ja net, ich kenn ihn ja net. Also falls du ma e Wohnung brauchst, ich hab Platz, brauchst aach kaa Miete, unn ich will ja net, also net denke, dass ich noch, wie gesagt, ich hab kein Interesse mehr. In meim Alter, weißte, irgendwann, so schad es is. Also ich hab Platz, gell. Ich will dich net uffhalte, ich muss ja zum Ulrich.
Machs gut. Der Ulrich, der stammt ja von unnerhalb von de Turnhalle, zweites Haus rechts, da wo jetz die Glascontainer stehn. Des war die Gemarkung, wo de Graf Schönborn, da hat der, ich saach dir, des war e Geschicht. Naja, die erzähl ich dirs nächste Mal. Wie gesagt, ich merk, du willst fort. Ich will dich net uffhalte. Denk an de Äppelbrei!

Grundrente

38

Dame 1
Dame 2

Zwei ältere Damen sitzen bei Streuselzunge und Cappuccino in einem Café beisammen. Sie blicken trübsinnig in den herbstlichen Nieselregen.

Naja, des ganze Gammelfleisch. Haste die verschimmelte Werscht gesehe?
Ja, dauernd sinn Rückrufaktione in de Supermärkt. Salmonelle, Schimmel, Listerie. Verseuchte Hähnchensalat. Mer darf nix mehr esse.
Mer darf halt nur noch beim Metzger kaufe. Am beste beim Bio-Metzger.
Ich hab net so viel Geld, dass ich alles beim Bio-Metzger kaafe könnt.
Kriegst du eigentlich die Grundrente?
Ich glaub net. Ich habs net so ganz verstanne, wie die des berechne wolle.
Ich aach net. Aber da is so en Wert, unn wenn mer da drunner is ...
Ja, da bin ich knapp drüwwer.
Aja, dann haste aach genug Geld fürn Bio-Metzger.
Ja, ich hätt genug Geld. Aber des geht ja alles fort.
Fort?

Für die Kinner unn die Enkel unn die Urenkel. Ich hab zehn Enkel unn sechs Urenkel. Unn es wern net wenischer. Dauernd hat aaner Geburtstag.
Ja, unn dann is noch Weihnachte. Taufe. Kommunion. Firmung.
Hier ma fünfzisch Euro, da ma zwanzisch Euro. Neue Fußballschuh, Reiterferien, Klassefahrt. De Lionel e neues Handy.
Ja, ich waaß. Bei mir desselbe. Des summiert sich.
Es geht in die Tausende.
Ich geb fast gar nix für mich selber aus. Nur ma ins Café oder zum Seniorennachmittag. Em Louis hab ich gestern dreißisch Euro Zuschuss gewwe für Schuh.
Schuh?
Der brauch immer so deuerne Turnschuh, die koste zweihunnert Euro. Da hat er gesammelt bei de Omas, für die Schuh. Was will ich dann mache, wenn er doch Schuh brauch.
Ich hab mir seit Jahrn kaa neue Schuh mehr kaaft.
Ich aach net. Nur Einlage.
Also im Prinzip müsste die des abziehn.
Was abziehn?
Bei de Berechnung, ob mer Grundrente kriegt. Die ganze Ausgabe für die Enkel. Des is versteckte Altersarmut.
Meinste?
Zieh ma ab von deiner Rente, was du für die Enkel ausgibst. Was bleibtn dann üwwerisch?
Naja ... Net viel ... Uff jeden Fall wär ich dann unner dem Wert.

Ich aach.
Unn dann sterbe die alte Leut an de verschimmelte Werscht. Weil se kaa Geld ham, um zum Bio-Metzger zu gehn.
Ja, so hängt alles mit allem zusamme.
(nach kurzem Schweigen) Naja. Aber mer maach se halt so gern.
Die Schimmelwerscht?
Die Enkel.
Ach so. Ja. Was will mer mache.

Die Fortrennerei

39

Mann
Frau

Eine ältere Frau steht im Supermarkt am Kühlregal. In ihrem Einkaufswagen liegen eingeschweißte Fleischwürste, Suppengrün und etwa zwanzig Tablettenpackungen mit dem Aufdruck »Magnesium hochdosiert – Für starke Muskeln und Nerven«. Ihr Ehemann nähert sich. Er hält mühsam acht Plastikbierflaschen an sich gepresst.

Da bist du! Warum rennst dann du einfach fort?
Ich wollt nach em Pudding gucke.

Der Mann lässt die Bierflaschen in den Wagen fallen.

Als die Fortrennerei! Immer desselbe!
Schmeiß die doch da net so nei! Dann schäumt widder alles üwwer, wenn du die uffmachst!
Kaum dreht mer sich kurz um, bist du fort!
Du brauchst ja aach immer so lang! Wenn mer dich mitnimmt zum Einkaufe, dauerts de halbe Tag!
Ham mer mei Tablette?
Ja.
Ach, da sinn se. Ja, die brauch ich.
Es sinn zwanzisch Pack, des langt hoffentlich ma widder für e Weil!

Durch de halbe Markt musst ich dabbe, weil du einfach fortgerennt bist.

Die Frau deutet ins Kühlregal.

Weesche deim Pudding! Sei froh, dass ich an dein Pudding denk!

Grießpudding. Wo mer die Ecke neiklappe kann. Haste den?

Naa. Ich glaub, die ham den hier net.

Natürlich ham die den. Mit dem Knusperzeug in de Ecke, wo mer in de Pudding kippe kann.

Ja, ich guck doch schon die ganze Zeit, ich find den net. Such dir halt en annern aus, die ham so viel verschiedene Puddings!

Den mit de Ecke! Die könne den doch net abgeschafft ham! Du guckst nur net richtig!

Die Frau entfernt sich rasch mit dem Einkaufswagen.

Die ham den net. Guck halt selbst. Ich geh zu de Fischstäbchen.

Die müsse den ham. Die ham den immer gehabt. Mit der Ecke, wo mer neiklappe kann!

Der Mann dreht sich um, seine Frau ist verschwunden.

Wo is sie dann jetz schon widder? Des gibts doch net! Als die Fortrennerei! Seit Jahren die Fortrennerei!

Der Mann biegt in einen Mittelgang mit Aktionsbettwäsche ein und bleibt ebenfalls verschwunden.

Der vorgeschobene Opa

40

Tochter
Mutter
Vater
Opa
Gundula

Vater, Mutter und die 17-jährige Tochter langweilen sich auf der Hochzeit eines Verwandten. Es ist 21.10 Uhr. Ein Alleinunterhalter heizt die Stimmung mit Schunkelliedern an. Verzweifelt sucht die Familie nach einem Vorwand, die Feier zu verlassen. Der hochbetagte Opa sitzt reglos daneben und nippt an seinem Bier.

Hallo? Mama, Papa, was is jetz? Wir können doch einfach heimgehn!
Wir warn erst drei Stund da. Wie siehtn des aus, wenn mir verschwinde, kaum dass der Nachtisch abgeräumt is! Des kann mer net mache! Die wärn tödlich beleidischt.
Es is aber voll langweilig hier! Und die Musik is übelst peinlich.

Der Vater duckt sich hinter die Tisch-Deko.

Gleich kommt die Gundula unn fordert mich zumTanze auf. Ich sehs komme. Mir müsse vorher weg!

Es is erst kurz nach neun. Des könne mer net bringe. Oh Gott, was hat die Helga für e schreckliches Kleid an, des seh ich ja jetz erst.
Also ich würd sage, mir verabschiede uns jetz einfach.
Naja, aber die Mama hat Recht. Die sind echt beleidigt, wenn wir so früh gehn. Ich mein, es hat ja grad erst richtig angefangen. Und die Tante Resi will dann diese ganzen Hochzeitsspiele machen. Hat sie auf em Klo erzählt.
Was könnt mer jetz schön daheim uff de Couch hocke.
Mir sage einfach, de Obba muss ins Bett! Des is doch e Idee, oder?
Ja, des is gut, mir müsse ihn ja heimfahrn!

Der Opa horcht auf.

Was? Ich will noch net ins Bett.
Es is gleich zehn. Da gehste doch sonst aach ins Bett!
Naa, ich geh nie vor zwölf ins Bett. Mir könne schon noch e bissje dableibe.
Biste net müd, Obba?
Naa, des is doch intressant hier. Unn so e schöne Musik.
Mir müsse fort. Wenn die Gundula kommt unn mich zum Tanze auffordert, is alles zu spät.
Ja, aber ihr könnt ja jetz auch nich den Opa vorschieben. Nur weil ihr euch nich zu sagen traut, dass ihr heim wollt!
Mir schieben nix vor! Es is ja wirklich so, dass er ins Bett muss mit seine Herzprobleme!
Ich hab kaa Herzprobleme. Ich bin fit.
Komm, Vadder, steh uff. Bis mir beim Auto sinn, des dauert.

Ich hab doch noch mei Bier. Lasst mich doch mei Bier austrinke.

Gundula stürmt jubilierend im pinken Minikleid auf den Tisch zu.

Mein Heribert! De ganze Abend versteckt er sich schon vor mir, mein Lieblingscousin! Jetz entkommste mir net. Raff dich uff. Jetz will ich, dass de mir de Elvis machst!

Ich würd ja gern, aber mir müsse los. De Obba is so müd, der will ins Bett!

Was? Es geht doch grad erst los. Unn die Resi hat so schöne Spiele vorbereitet!

Ja, mir würde ja so gern noch bleibe. Aber der Obba, du weißt doch, wie er is. Er is ja aach gesundheitlich net mehr uff de Höh. Des muss mer schon verstehe, dass er heim will.

Ich will noch ...

Wenn er ins Bett will, will er ins Bett!

Wenn mir jetz noch länger dableibe, wird er nur bockisch.

Also ich will ...

Er will halt sei gewohnte Umgebung, nä? Es is halt jetz schad, aber was will mer mache! Unn er hat ja aach so Herzprobleme. Den Trubel verkraftet er net mehr!

Die Familie verschwindet, den Protest des Opas unterdrückend. Dessen halb ausgetrunkenes Bierglas bleibt auf dem Tisch zurück, als Mahnmal des überstürzten Aufbruchs.

Ach je ... Naja, was will mer mache. Wenn er ins Bett will, will er ins Bett ... Net emool sein Bier hat er gepackt, der Arme. Was hat der früher immer gern Bier getrunke. Ach je, ach je ...

Der Leidtragende

41

Dame 1
Dame 2

Zwei korpulente ältere Damen sitzen im Friseursalon »Kammikaze« unter Trockenhauben und blättern in Promi-Zeitschriften.

De Howard Carpendale is aach alt worn. Guck!
Ja. Erst neulich hab ichn im Fernseh gesehe. Bei so em Auftritt.
Hab ich net gesehn.
Bartstoppeln! Da hab ich gedacht, für den Auftritt hätt er sich wenigstens ma rasiern könne. Unn so en lange Schal hat er angehabt. Der hat den Schal nur gebraucht, um sein Bauch zu überdecke.

Eine Dame blättert in ihrer Zeitschrift weiter.

Guck ma, de Rod Steward. Aach ganz faltisch.
An de Sänger sieht mer, wie die Zeit vergeht. Wenn ich noch dicker werd, in meim Alter, des halte mei Knoche net aus, hat de Dokter gesagt. Deshalb mach ich ja Intervallfasten. Nur de Helmut zieht net mit. Dabei müsst der auch dringend abnehme.
Aja, jeder muss selbst wisse, wenn er dick is, wie er sich fühlt.

Er is halt de Leidtragende. Weil ich abends nix mehr koch. Ich ess moijens fünf Toasts. Mittags Curry-worscht. Nachmittags Kaffee unn Kuche, unn dann nix mehr.
Da isst du abends gar nix mehr? Unn de Helmut?
Muss halt e Brot esse. Ich würd ihm ja was koche, aber ich kann ja nix abschmecke. Ohne probiern kann ich net koche.
Unn wenn du kochst unn de Helmut abschmecke lässt?
Der? Der hat überhaupt kaa Geschmacksnerve mehr. Der schmeckt nur noch Maggi. Neulich hat er gefragt: Mit dem abends nix esse, machst du des jetz für immer?
Aja, er is halt de Leidtragende ...
Soll er selbst koche. Ich muss an mei Gesundheit denke. Natürlich mach ich des für immer! Des bringt doch nix, wenn du e Woche lang Intervallfasten machst unn dann wie vorher weiterisst. Weißte, was er dann gesagt hat? Ich wär im Abnehm-Wahn. Unn er denkt, ich will noch ma jemand Neues kennelerne.
Ach je!
Die Trepp will ich widder nuff könne, hab ich gesagt. Sonst will ich gar nix mehr! Da siehste, was Männer im Kopp ham.

Die eine Dame blättert in ihrer Zeitschrift.

Die Königin Silvia is aach alt worn.
Die hats ja aach schwer.
Aber dick isse net.

Auch die andere Dame blättert in ihrem Heft.

»Erinnerungen an Michael Jackson«.
Der is weder dick noch alt worn.
Ja. So is des. Jeder is annerst gestraft.

Nach diesem Fazit verstummen die Damen. Zu hören ist nur noch das Summen der Trockenhauben.

Oma macht nichts mehr

42

Oma Waltraut
Sohn

Die 84-jährige Oma Waltraut sitzt in ihrem Wohnzimmer und erwartet den allabendlichen Kurzbesuch ihres Sohnes, der mit Frau und Kindern im selben Haus wohnt. Waltraut ist fest entschlossen, heute endlich ihren Unmut über die Rolle, die ihr im Haushalt zuteil wird, auszusprechen. Mit lauter Stimme redet sie sich Mut zu.

Ich mach nix mehr. Eewe is Schluss. Irschendwann muss emool Schluss sein. Die könne grad sehe, wie se zurechtkomme. Ich mach nix mehr. Dann könne die ma sehe, was ich früher immer gemacht hab. Des sehn die dann erst, wenn ich nix mehr mach. Eewe langts.
Die Oma mecht des schon, denke die sich. Aber ab jetzt mach ich nix mehr. Ich kauf nix mehr ein. Ich koch aach nix mehr. Ich strick nix mehr. Ich spül aach nix mehr ab. Unn wenn aaner denkt, ich deed noch was uffbutze, dann ... Ich bin vierunnachzisch! Irschendwann muss emool Schluss sein. Die deede mich butze lasse, bis ich hunnert bin. Mit mir net! Ich geh aach net mehr zum Briefkaste. Ich geh überhaupt net mehr naus! Ich häng nix mehr uff. Ich buddel nix mehr aus, unn ich schneid aach nix mehr zurück. Ich kehr nix mehr uff unn topf

nix mehr um. Ich mulch nix mehr unner, unn ich kehr aach nix mehr zamme. Ich wärm nix mehr uff unn koch nix mehr ei. Ich räum nix mehr fort. Ich spül nix mehr aus. Ich dekorier aach nix mehr um. Ich back nix mehr. Ich hab sechzisch Jahr lang gebacke. Eewe langts! Ich frier nix mehr ei unn tau nix mehr uff. Geld gibts aach kaans mehr. Mir gibt aach kaaner Geld von denne. Moije is Sonntag. Da denke die, ich deed wie immer was koche. Äwwer ich koch nix mehr! Ich staub aach nix mehr ab. Ich leg nix mehr zamme unn schüttel nix mehr uff. Ich büschel aach net mehr. Ich fütter aach net mehr die Fisch. Ich koch nix mehr. Ich trenn nix mehr uff unn flick nix mehr zamme. Ich mach überhaupt nix mehr.

Von Oma Waltraut unbemerkt, betritt ihr Sohn im Business-Outfit und mit Aktenkoffer das Wohnzimmer.

Hallihallo. Mit wem babbelstn du?
Ich? Mit kaam, ich hab nur ...
Du, Mudder, ich hab kaa Zeit. Ich wollt nur ma frage, was du moije kochst? Sauerbrate?
Ich ...
Die Kinner würde gern ma widder so en schöne Sauerbrate esse mit Klöß unn Rotkraut. Unn dann könntste noch en Kuche backe. So e Donauwelle. Unn so en Riwwelkuche, für zum Kaffee, gell?
Aja ...
Unn mei Hemde könntste mer büscheln. Des wär subbä! Danke! Unn denk an die Fisch. Die hat heut noch kaaner gefüttert.

Der Sohn verschwindet.

(Die Oma seufzt.) Aja. Was solls. Uff den aane Tag kommts jetz aach net mehr an … Dann koch ich halt moije noch emool was. Unn back en Kuche. Oder zwaa Kuche. Dann büschel ich halt noch emool die Hemde. Unn fütter die Fisch … Aber ab üwwermoije mach ich nix mehr! Da könne die grad sehe, was se dann mache. Ich mach nämlich nix mehr. Ich fütter kaa Fisch mehr. Ich büschel nix. Ich back nix mehr. Unn vor allem koch ich nix mehr. Ab üwwermoije. Da könne die mache, was se wolle: Ich mach nix mehr …

Inhalt

Zur Autorin

Die Autorin Susanne Hasenstab, geboren 1984, präsentiert mit *Alltagsdramen* im LOGO VERLAG einen neuen Band mit der Sammlung ihrer durch tägliche Begebenheiten inspirierten Dramolette. Bislang erschienen von ihr seit 2011 die Sammelbände *Hohler Chaussee. Morgen ist Gelber Sack!*, *Der letzte Tag der Fleischmaschine* und *Charly wird Stadt-Labrador.*
Darüber hinaus veröffentlichte die Autorin die Romane *Der Zukunftsberg* (2012) und *Irgendwo zwischen Liebe und Musterhaus* (2019).
Susanne Hasenstab ist in Aschaffenburg aufgewachsen. Sie studierte Romanistik und Skandinavistik in Frankfurt am Main und Lausanne. Sie lebt als freie Autorin in der Nähe von Aschaffenburg.

Die in diesem Band publizierten Stücke erscheinen bis auf die Texte *Gefühlte Blumen*, *Senioren im Advent* und *Oma macht nichts mehr* erstmals in Buchform. Diese Stücke wurden dem mittlerweile vergriffenen Band der Autorin *Hohler Chaussee. Morgen ist Gelber Sack!* (2011) entnommen.

Homepage der Autorin: www.susannehasenstab.de

Ähnlichkeiten in den Texten der Autorin mit realen Handlungen sowie lebenden oder verstorbenen Personen sind rein zufällig und keineswegs beabsichtigt.

Impressum

Bibliografische Information
der Deutschen Nationalbibliothek
Die Deutsche Nationalbibliothek verzeichnet diese
Publikation in der Deutschen Nationalbibliografie;
detaillierte bibliografische Daten sind im Internet
über https://www.dnb.de abrufbar.
ISBN 978-3-939462-36-1
Erste Auflage 2020

Rosenstraße 6
D-63785 Obernburg am Main
Telefon (0 60 22) 7 19 88
Fax (0 60 22) 20 69 41
E-Mail: info@lvee.de
Website: www.lvee.de

Druck: AZ Druck und Datentechnik, Kempten
Printed in Germany